Gudula Blau

Die besten Rezepte aus meiner vegetarischen Küche

Gudula Blau

Die besten Rezepte aus meiner vegetarischen Küche

Mit Illustrationen der Autorin

Mary Hahn's Kochbuchverlag

Illustrationen: Gudula Blau
Lithos: Media Color, Verona
Umschlaggestaltung und Satz: Fink GmbH, München
Druck: Jos. C. Huber KG, Dießen am Ammersee
Binden: Thomas-Buchbinderei, Augsburg
Printed in Germany
ISBN: 3-87287-301-6

Inhalt

Widmung

Für meine Mutter, die bereits in meiner Kindheit die Weichen
für eine gesunde Ernährung gestellt hat,

für meine Kinder, die jahrelang meine (nicht immer gelungenen) Küchenexperimente willig als erste probierten und

für meine Freunde, ohne deren Ermunterung und Interesse
dieses Buch nie entstanden wäre!

Vorwort

Ich bin schon oft in meinem Leben um ein vegetarisches Rezept gebeten worden, aber meistens mußte ich passen, denn ich konnte mich nie an die genauen Mengen erinnern. Außerdem nannte ich meine gesammelten Küchenwerke zeit meines Lebens entweder »Mampfi-Pampfi« (wenn gekocht) oder »Pflatschis« (wenn gebraten). Diese faulen Angewohnheiten einer eingefleischten Vegetarierin (klingt schön paradox) mußten sich natürlich schlagartig ändern, als der Mary Hahn Verlag mich mit einem Vertrag zu größeren Aktivitäten in dieser Richtung verleitete!
So waren denn bei der Fertigstellung dieses Buches nicht etwa die Rezepte die Schwierigkeit (davon hatte ich auf meinen vielen Reisen genug gesammelt), sondern die genauen Mengen und Bezeichnungen. In den ersten Monaten meiner Kochbuchtätigkeit hetzte ich ständig zwischen Küche und Schreibmaschine hin und her, da ich mir einfach nicht merken konnte, wieviel ich von einer Sache eigentlich brauchte. Nun ja, mit der Zeit legt sich alles, und nun hoffe ich, daß es mir mit vorliegendem Buch gelungen ist, Ihnen ein paar neue Anregungen zu liefern, falls Sie vegetarisch kochen wollen oder müssen. Ich lebe zufällig seit meiner Kindheit schon so. Man muß wirklich kein fanatischer Vegetarier sein, um bei den ständigen Skandalmeldungen über die mit Östrogenen, Antibiotika und Beruhigungsmitteln vergifteten Schlachttiere das kalte Grausen zu kriegen. Ich kaufe lieber im Reformhaus als beim Metzger ein. Ich glaube, daß auch bei Fleisch von Tieren, die ohne jede krankmachende Masthilfe aufgezogen wurden, die Gefahren für die Gesundheit weit größer sind als bei vegetarischer Kost. Und wie viele Menschen würden wohl noch Fleisch essen, wenn sie die Tiere vorher selbst schlachten müßten?
Tierisches Eiweiß treibt den Cholesterinspiegel in die Höhe, die Folge: Verkalkung der Adern.

Die Harnsäure, die im Fleisch enthalten ist, kann von der menschlichen Niere nur in begrenztem Maß wieder ausgeschieden werden und lagert sich demzufolge in kristallisierter Form im Körper ab.
Dadurch werden Gicht und Rheuma ausgelöst. Nierenkranke werden von Ärzten seit Jahrzehnten regelmäßig auf vegetarische Diät gesetzt, und es gibt sogar eine Reihe von Kliniken, die sich im Kampf gegen Gicht und Rheuma speziell auf vegetarische Kuren stützen.
Da ein langjährig erhöhter Harnsäurespiegel die Nieren schädigt, leidet mindestens die Hälfte aller Gichtkranken auch noch unter nierenbedingtem Bluthochdruck. Mehr als 150 Millionen Menschen auf der ganzen Welt sind von diesem Leiden geplagt, und davon entfällt eindeutig der größte Teil auf die Länder, in denen ein ständiger Fleischkonsum an der Tagesordnung ist. Allein in Deutschland gibt es derzeit rund 5 Millionen Gicht- und Rheumakranke. Und das müßte wirklich nicht sein. Man findet das lebensnotwendige Eiweiß auch anderswo, nicht nur in Fleisch. Außerdem ist Fleisch schwerer verdaulich als Pflanzenkost. Zur Verdauung von Fleisch braucht der Körper doppelt so lange wie bei pflanzlichem Eiweiß. Aus diesem Grund wird die Eiweißfäulnis im Darm bei Fleischkost stark begünstigt, was den Übertritt von Giftstoffen aus dem Darm ins Blut zur Folge hat.
Darmkrebs-Erkrankungen sind die unmittelbare Folge davon. Darmkrebs ist inzwischen die häufigste Krebsart und der Zusammenhang zwischen falscher Ernährung und Darmkrebs wurde längst von namhaften Ärzten und Wissenschaftlern nachgewiesen. Zuletzt in einer aufsehenerregenden Studie des Nationalen Amerikanischen Krebsforschungs-Instituts.
Sie empfehlen dringend eine Ernährung mit viel Obst, Vollkornprodukten, Joghurt, Kartoffeln, Zwiebeln, rote Bete, Salat, Sellerie, Tomaten und Kohl! Und keine Wort von Fleisch. Komisch eigentlich, wo es doch immer heißt, Fleisch sei zur Erhaltung des Lebens notwendig!
Millionen von Menschen in aller Welt (meine Wenigkeit inbegriffen) haben noch nie in ihrem Leben einen Bissen davon gegessen und es geht ihnen trotzdem gut.

Warum so lange warten, bis man durch falsche Ernährung krank geworden ist? Vorbeugen ist besser als heilen, und krank werden oder sein will doch kein Mensch, nicht wahr?
Als Kind rührte ich kein Fleisch an, weil ich nichts essen wollte, was in lebendigem Zustand von meinem Teller flüchten würde. Heute esse ich es auch deshalb nicht, weil ich gesund bleiben will. In jungen Jahren wurde mir oft prophezeit, daß ich aufgrund meiner merkwürdigen Ernährung sicher die schwersten Mangelerscheinungen bekommen würde. Da ich aber bis heute noch immer kerngesund bin, glaube ich, daß ich inzwischen ein ganz passables Beweisstück für diese Ernährungsform geworden bin. In diesem Sinn wünsche ich Ihnen »Guten Appetit« und viel Spaß beim Ausprobieren! Vielleicht kreieren Sie auch ganz neue Gerichte. Dann kann ich noch von Ihnen lernen!
Darüber würde ich mich sehr freuen.

GUDULA BLAU

Was ich in meiner Küche verwende

Früchte: Ananas, Äpfel, Bananen, Birnen, Datteln, Feigen, Kokosnuß, Rosinen, Zitronen, Orangen, Mango, Pfirsiche, Pflaumen, Kirschen, Blaubeeren, Erdbeeren, Melonen, Trauben, Nektarinen, Mandarinen

Zum Süßen: Rohzucker, Fruchtzucker, Honig

Pflanzliche Bindemittel: Agar-Agar, Biobin, Soja-Fettarm, Sojamehl.

Agar-Agar wird aus Meeresalgen hergestellt. Ein Pulver, das man genau wie Maizena zum Binden von Saucen, Puddings und ähnlichem verwenden kann. Im Gegensatz zur herkömmlichen Stärke enthält es aber auch noch alle Spurenelemente und Jod!

Biobin ist ein pflanzliches Bindemittel ohne Kohlenhydrate. Es bindet wie Mehl, Eigelb oder Stärke, und man kann alles Flüssige damit andikken. Sogar Schlagsahne bleibt mit Biobin viel länger standfest. Außerdem ist es cholesterinfrei, natriumarm, ohne Purine und kalorienarm. Was wollen Sie noch mehr? Biobin ist die ideale Küchenhilfe für alle, die sättigend und kalorienarm kochen müssen oder wollen!

Gemüse: Kartoffeln, Karotten, Lauch, Sellerie, Zucchini, Rettich, Zwiebeln, Kohl, Tomaten, Spinat, Erbsen, Bohnen, Gurken, Brokkoli, Blumenkohl, Aubergine, Artischocken, Paprika, Sojasprossen, rote Bete, Pilze, Avocado, Kürbis, Mais, Spargel, Rosenkohl, Schwarzwurzeln, Fenchel, Wirsing, Oliven

Für alle **Blattsalate** gibt es im Reformhaus ein **Mineralsalzgemisch,** das nicht nur hilft, den Salat frisch zu halten, sondern das auch dazu beiträgt, daß unerwünschte Pflanzenschutzrückstände leichter zu entfernen sind. Man braucht das Pulver nur dem Waschwasser beizufügen.

Getreide und Hülsenfrüchte: Linsen, Bohnen, Erbsen, Reis, Gerste, Weizen, Roggen, Hafer, Buchweizen, Mais, Hirse, Sechs-Korn-Getreidemischung, Weizenkeime, Weizenkleie, Weizenkeim-Teigwaren

Weizenkleie verwende ich sehr oft und sehr viel in meiner Küche. Lieber zu viel Ballaststoffe als zu wenig in der Ernährung. Denn die Kleie beseitigt rigoros alle Verdauungsprobleme. Was auch immer wir täglich zu uns nehmen, fest steht, es muß optimal verdaut werden, damit die Energiegewinnung für den reibungslosen Ablauf aller Körperfunktionen gewährleistet ist. Das kann aber nur klappen, wenn unsere Milliarden von außerordentlich wichtigen Darmbakterien auch genügend zu tun bekommen. Ihre Aufgabe ist es nämlich, die unverdaulichen Ballaststoffe zu verarbeiten. Wenn nun die Darmbakterien durch falsche, d. h. schlakkenfreie Ernährung sozusagen »arbeitslos« werden, dann sterben sie ab. Die Folgen sind hinlänglich bekannt, Verstopfung, Durchfall, Blähungen, Dickdarmentzündungen und andere Darmstörungen sind längst zu einer wahren Volksseuche geworden. Ein Experiment, das mit Ratten gemacht wurde, beweist mit erschreckender Deutlichkeit, wie falsch unsere Ernährung im allgemeinen ist. Die Tiere bekamen ausschließlich Weißbrot und Wasser. Schon nach einigen Tagen wurde ihr Fell struppig, sie wurden unlustig und krank. Erst als sie wieder ihre gewohnten Getreidekörner bekamen, besserte sich ihr Gesundheitszustand rapid. Also, nichts wie weg von allen Weißmehlprodukten. Ihr Körper wird es Ihnen danken. Schließlich will man mit ihm so lange und so gut wie möglich auskommen. Ein Auto bekommt ja auch all das, was es wirklich zum Funktionieren benötigt, und nicht das, was uns vom Aussehen her besser gefällt. Niemand käme auf die Idee, Milch in den Tank zu gießen, nur weil sie so schön weiß ist, oder?

Soja-Produkte: Bellafit-Pflanzenfleisch, Soja-Fettarm, Vollsoja, Soja-Teigwaren, Soja-Zart, Soja-Vita, Soja-Steakli, Soja-Milch Sojamark und **die Sojabohne,** von den ostasiatischen Völkern so hochgeschätzt, wird bei uns erst seit ein paar Jahren als vollwertiges Nahrungsmittel anerkannt. Durch ihre hervorragende biologische Zusammensetzung kann sie bei regelmäßigem Genuß erheblich zur Besserung Ihres Gesamtbefindens beitragen. Sie hat nämlich stattliche 40 Prozent leichtverdauliches Eiweiß zu bieten, Vitamine der B-Gruppe, Karotin, Vitamin E und K und darüber hinaus eine Menge sehr wichtiger Mineralien wie Kalium, Kalzium, Magnesium, Eisen sowie zuckerartige Stoffe wie Galaktan, Stachiose und Arabin, die den Insulinstoffwechsel nicht belasten. Also auch die ideale Ernährung für Zuckerkranke. Sojabohnen haben einen erstaunlich hohen Lecithingehalt, das ideale Schmieröl für unsere strapazierten Nerven, wie jedermann weiß. Und was das Fett anbelangt, auch da ist die Sojabohne unschlagbar. Sie hat 18 Prozent Fett, aber auch die sind gesund, da sie ungesättigt und deshalb leichtverdaulich sind. Mit Sojabohnen und allen daraus hergestellten Produkten wie Sojamehl, Sojawürfel, Granulat, Pasten, Brotaufstriche, Sojascheiben und vielem mehr können Sie spielend ihren Blutfettspiegel senken und damit erfolgreich gegen Herz- und Kreislauferkrankungen vorgehen. Amerikanische und europäische Ernährungswissenschaftler haben längst erkannt, daß Soja nicht nur ein gelegentlicher Fleischersatz sein sollte, sondern der ideale pflanzliche Eiweißlieferant ist.

Bellafit-Pflanzenfleisch gibt es nicht im Reformhaus, sondern wird im Direktvertrieb, verbunden mit Kochvorführungen und Gratisproben, an die Hausfrau geliefert.

Milchprodukte: Milch, Sanoghurt, Bioghurt, Kefir, Sauerrahm, Crème fraîche, Käse, Ricotta, Quark, Hüttenkäse, süße Sahne, Buttermilch, Butter, Butterschmalz

Da die **Milch,** bis auf einige Spurenelemente und Ballaststoffe, einer vollwertigen Ernährung am nächsten kommt, sind die Kühe in Indien heilig. Zu kostbar ist das, was sie spenden, der weiße Strom! Nicht zu vergleichen mit Fleisch, das bei der Hitze sowieso in kürzester Zeit verfault. (Saure Milch kann man noch essen.) Bei uns sind die Kühe zwar nicht heilig, aber ein klein wenig mehr (Be)Achtung verdienen sie nach

meiner Ansicht doch, denn die Milch, mit all ihren Nebenprodukten, bietet uns in einzigartiger Weise die optimale Möglichkeit, unsere Gesundheit nicht nur zu erhalten, sondern auch zu verbessern.
Milch enthält in idealer Zusammensetzung Eiweiß, Fett, Milchzucker, zahlreiche Vitamine (zum Beispiel A und D) und Mineralstoffe, darunter besonders viel Kalzium und Phosphor, die nicht nur für unsere Knochen und Zähne unentbehrlich sind, sondern auch eine wichtige Rolle für die Funktion unseres Blutkreislaufs spielen.
Denselben Wert, nur teilweise in anderer Zusammensetzung, bieten natürlich ebenso alle anderen Milchprodukte.

Butter ist das am leichtesten verdauliche Nahrungsfett. Der Margarine ist sie an biologischer Wertigkeit bei weitem überlegen, deshalb sollte niemand (auch dann nicht, wenn sich ein kleiner Rettungsring an unerwünschter Stelle breitmacht) ganz auf Butter verzichten. Eine ideale Kombination wäre, den täglichen Fettbedarf zu gleichen Teilen aus Butter und pflanzlichen Ölen zu decken. An dieser Stelle muß ich Ihnen aber auch gleich verschämt gestehen, daß ich das meistens nicht schaffe.
Warum?
Ich liebe Butter über alles. Schon als Kind konnte ich nicht genug davon bekommen, was in der Kriegs- und Nachkriegszeit einige Probleme mit sich brachte.
Im zarten Alter von 4 Jahren schaffte ich es einmal, zum Abendessen 6 riesige Butterbrote zu vertilgen. Meine Mutter war sprachlos über einen derartigen Appetit und stand vor einem Rätsel. Dieses wurde aber schon bald gelöst, denn 8 Tage später, beim allwöchentlichen Samstagsputz, machte sie eine höchst schändliche Entdeckung. Direkt hinter der Kommode, die neben meinem Eßplatz stand, lagen sechs vertrocknete, sorgfältig abgeleckte und verstaubte Brotscheiben. Unzweifelhaft die nicht zu übersehenden Reste meines »Mammutabendessens.«
Offenbar hatte sich an jenem Abend mein Hunger ausschließlich auf Butter beschränkt und ich hatte diesen, zum Entsetzen meiner Mutter, auf diese unmögliche Art gestillt. Meine Reue hielt sich trotzdem in

Grenzen. Wie sonst hätte ich wohl 1944 meinen Heißhunger auf Butter stillen können!
Noch heute habe ich diese Vorliebe für Butter und, ich wage es kaum laut zu sagen, auch für Sahne. Geschlagen oder flüssig, süß oder sauer, egal wie, ich finde, Sahne ist einfach etwas Köstliches!
Vielleicht ist es Ihnen ja auch schon aufgefallen, wie gerne und wie oft ich bei meinen Rezepten **Sahne** verwende. Sollten Sie meine Vorliebe in diesem Ausmaß nicht teilen, so habe ich dafür vollstes Verständnis. Man kann ja schließlich auch weniger nehmen, oder statt dessen nur Joghurt verwenden. Jeder soll schließlich so kochen, wie es ihm am besten schmeckt, nicht wahr?
Übrigens, Butter sollte man nach Möglichkeit nicht braten, damit die wertvollen Inhaltsstoffe nicht zerstört werden. Dies trifft nicht auf Butterschmalz zu, das ich besonders gerne verwende. **Butterschmalz** ist reines Butterfett, das durch einen Siedevorgang aus der Butter herausgeschmolzen worden ist.
Sollte Ihnen mein Loblied auf Butter und Sahne übertrieben erscheinen, dann denken Sie bitte daran, daß unser Blut, die Nerven und das Gehirn täglich eine bestimmte Menge Fett haben müssen, um alle Funktionen erfüllen zu können.
Auch Haare und Haut werden trocken, matt und spröde, wenn sie nicht mit genügend Fett versorgt werden.
Im Allgemeinen genügen 60 bis 80 Gramm Fett pro Tag, um keine Mangelerscheinungen in dieser Richtung zu bekommen. Und wie gesagt, davon sollte die Hälfte möglichst mit pflanzlichen Fetten gedeckt werden. Eine gute Faustregel für den Fettverbrauch ist, pro Kilo Körpergewicht ein Gramm Fett zu rechnen. Ob ich wohl, als alter Butter- und Sahne-Fan, diese Regel einhalte? Ich fürchte, ich bin kein guter Butter-Asket!

Sauermilch, Joghurt, Kefir, Quark, Dickmilch und **Molke** haben eine hervorragende Wirkung auf das Verdauungssystem. Durch die vorhandene Milchsäure, die überwiegend rechtsdrehend, da leichter verwertbar, sein sollte (= L (+) Packungsaufschrift beachten), wird das Eiweiß vom

Organismus schnell aufgespalten und der Aufbau einer gesunden Darmflora gefördert.
Milchsäureprodukte fördern generell die Verdauung, regenerieren die Darmflora und aktivieren den Zellstoffwechsel.

Quark hat einen besonders heilkräftigen Effekt in diesem Zusammenhang. Durch die im Quark enthaltenen Aminosäuren und die Wirkstoffe Lysin und Methianin ist er eine besonders große Hilfe für die Leber. Leber- und Gallekranke sollten daher täglich viel Quark essen, um die Leber bei ihrer schweren Arbeit als Entgiftungsstation zu unterstützen. Aber auch Gesunde und diejenigen, die aus irgendwelchen Gründen regelmäßig Medikamente einnehmen müssen, sollten ihrer Leber mit viel Quark zu Hilfe kommen.

Nüsse: Nüsse nehmen in meiner Küche einen sehr wichtigen Platz ein. Eigentlich kann ich mir überhaupt kein Gericht denken, zu dem nicht irgendwelche Nüsse passen würden. Obwohl ich natürlich zugeben muß, daß das auf die Dauer nicht nur ein teurer, sondern auch langweiliger Spaß sein würde! Im allgemeinen verwende ich Mandeln, Erd- und Haselnüsse, Cashewnüsse und Pinienkerne sowie Sonnenblumenkerne und Sesamsamen. Nur sehr selten Mohnsamen, Paranüsse und Kürbiskerne. Je nach Lust und Laune hacke, röste oder mahle ich sie und reichere damit Suppen, Salate, Hauptspeisen und Süßspeisen an. Wie gesagt, Nüsse passen zu allem, probieren Sie das ruhig aus! Nüsse sind nicht nur schmackhaft, sondern erfreulicherweise auch reich an Proteinen, Vitaminen, Mineralien und Fetten. Letzteres sollte man gelegentlich bedenken, wenn man sich im Clinch mit einigen überflüssigen Pfunden befindet. Auf der anderen Seite ist gerade der Lecithingehalt, besonders bei Walnüssen, etwas besonders Feines für unsere strapazierten Nerven. Es hat eben alles zwei Seiten. Wenn Sie die Nüsse oder Samen rösten, dann in einer trockenen Pfanne oder im Backofen, Fett ist in keinem Fall nötig, davon haben die Nüsse ja selber genug. Auf jeden Fall sollten Sie beim Rösten *dabei bleiben.* Nüsse haben die Angewohnheit, im Handumdrehen zu verbrennen! Glauben Sie mir, ich weiß, wovon ich spreche. Die letzte Ladung verkohlter schwarzer Steinchen, die im Urzustand einmal leckere Sonnenblumenkerne gewesen waren, habe ich erst vor 8 Tagen in den Müll verfrachtet. Ein einziger Telefonanruf von höchstens zehn Minuten Dauer hatte genügt, um meine saubere, appetitliche Küche in eine stinkende, qualmende Höhle zu verwandeln. Und das war beileibe nicht das erste Mal! Denken Sie zum Trost daran, wenn es Ihnen auch passieren sollte. Für so ein Malheur genügt es vollkommen, wenn jemand an der Tür klingelt, das Baby schreit, der Postbote kommt, oder wie gesagt, jemand anruft. Apropos Baby, Mandelmilch ist besonders hilfreich bei kleinen Kindern, wenn sie keine Milch mögen oder vertragen, das habe ich selbst ausprobiert. Auch bei Darmstörungen leistet sie gute Dienste. Ich habe zu diesem Zweck einfach einen Eßlöffel Mandelmus mit einem ¼ l Wasser verdünnt. Aber natürlich kann man die Mandeln auch selber ganz fein mahlen und dann das Wasser zufügen. Wußten Sie übrigens, daß man bei Erdnüssen eine blutstillende Substanz gefunden hat und sie als Heilmittel gegen die Bluterkrankheit verwendet?

Pflanzenfleisch: Tartex-Frikadellen, Phag-Schnitten

Pflanzenfette und -öle: Sonnenblumenöl, Distelöl, Kokosfett, Olivenöl, Vitasieg, Vitaquell

Zum Würzen: Hefeflocken, Vitam, Meersalz, Herbamare, Soja-Sauce, Tabasco, Delikateß-Senf, gekörnte Hefewürze, Gemüsebrühwürfel, Frugola, Cenofix, Selleriesalz

Salz

So sehr das starke Salzen zu Recht verpönt ist, machen wir uns nichts vor, ohne Salz geht es auch nicht! Salz ist lebensnotwendig für unseren Organismus, für das reibungslose Funktionieren unserer Organe und für unsere Widerstandskraft. Jede einzelne Zelle in unserem Körper braucht Salz, denn in ihm sind die wichtigsten Mineralien wie Kalium, Magnesium, Kalzium, Natrium, Jod und Schwefel vereinigt.

Salz unterstützt die Eiweißverdauung, wirkt entgiftend und fördert das Wachstum und die Gesunderhaltung des Organismus. Das richtige Maß ist, wie so vieles im Leben, sehr individuell. Es hängt vom Klima ab, in dem wir leben, vom Arbeitsplatz, von der Jahreszeit und manch anderem.
Fest steht, je mehr man schwitzt, desto mehr Salz scheidet der Körper aus und desto mehr muß man für Nachschub sorgen.
Der normale Tagesverbrauch für einen Erwachsenen liegt zwischen 2 und 5 Gramm. Glauben Sie mir, das ist eine ganze Menge, denn drei Gramm sind bereits ein gehäufter Eßlöffel voll! Können Sie sich vorstellen, daß die nordjapanischen Minenarbeiter täglich bis zu 30 g Kochsalz verzehren! Kein Wunder, daß mehr als die Hälfte von ihnen einen viel zu hohen Blutdruck hat. Denn daß reichlicher Salzgenuß Bluthochdruck und Schlaganfälle begünstigt, das wußten sogar schon die alten Chinesen 2000 Jahre vor Christus.
Also, Salz ja, aber in Maßen. Vorsicht auch bei Herz- und Kreislaufbeschwerden, bei Hautkrankheiten, Nierenschwäche und Anämie. Geisteskranke und Epileptiker sollen übrigens völlig salzlos ernährt werden. Wohingegen alle, die bei ihrer Tätigkeit ständig ins Schwitzen geraten, zusätzlich Salz benötigen. Als besonders geeignet haben sich Meersalz und Kräutersalz erwiesen. Auch Streuwürze verfeinert den Geschmack von Salaten und so manchem anderen Gericht. Im übrigen bin ich immer wieder überrascht, wie würzig bereits ungesalzene Tomaten, Sellerie oder z. B. Linsen schmecken. Irgendwie bleiben die Geschmacksnerven viel sensibler, wenn man sie gelegentlich mal mit naturbelassenen Nahrungsmitteln konfrontiert und nicht vor jedem Bissen automatisch zum Salzstreuer greift.

Hefe ist ein von mir ständig verwendetes Würzmittel. Am liebsten nehme ich Hefeflocken, die man in jedem Reformhaus kaufen kann. Es gibt aber auch noch andere Hefe-Extrakte, gekörnte Brühen, Pulver und zahlreiche flüssige Würzen mit verschiedenen Geschmacksrichtungen. Auch Brotaufstriche auf Hefebasis sind »in« bei mir. Fest steht, daß jedes Gericht mit einem Hefezusatz nicht nur geschmacklich verbessert werden kann, sondern vor allem auch durch den hohen Gehalt an Eiweiß und B-Vitaminen für unseren Organismus außerordentlich wichtig ist.

Die B-Vitamine sind schließlich entscheidend für einen geregelten Funktionsablauf des Herzmuskels, des Nervensystems und der Verdauungsorgane. Praktisch werden die B-Vitamine überall im Körper dringend gebraucht, besonders aber da, wo sich der Abbau der Kohlenhydrate vollzieht. Bei einer Ernährungsform, die bevorzugt Weißbrot, Semmeln, Kuchen und Süßigkeiten verwendet, kann man leicht verstehen, warum die Folgen so verheerend sind. Weder im Weißmehl noch im weißen Zucker befindet sich auch nur eine Spur von Vitamin B, aber zur Verarbeitung werden sie dem Körper rigoros entzogen. Es ist doch paradox: Auf der einen Seite bemüht man sich redlich, genügend Vitamine zu sich zu nehmen, und auf der anderen Seite liefert man sich mit einer Frühstückssemmel oder einem Stück Kuchen gleich die Vitamin-Räuber hinterher. Gerade so, als würde man zu einem schönen neuen Haus sofort das Abbruchkommando schicken.

Man sollte annehmen, daß es sich inzwischen bis in den letzten Winkel herumgesprochen hat, wie ungesund das weiße Mehl und der weiße Zucker sind. Trotzdem werden diesen lebenswichtigen Nahrungsmitteln weiterhin alle Nährwerte entzogen, bis sie zwar blütenrein, perlgriffig und schneeweiß geworden sind, dafür aber nichts anderes als leere, dick- und krankmachende Kohlenhydrate sind, die, anstatt uns mit B-Vitaminen zu versorgen, uns dieselben hinterhältig aus den Knochen ziehen!

Die Folgen sind Infektanfälligkeit, Antriebsschwäche, Lustlosigkeit, Depressionen und Leistungsabfall.

Aus diesem Grund bereichere ich so gerne meinen Speiseplan mit Hefeprodukten, um einer mangelhaften Vitaminversorgung in jedem Fall vorzubeugen. Wieviel Zentner Tabletten werden allein täglich gegen irgendwelche Mangel- und Abbauerscheinungen von den überlasteten Ärzten verschrieben? Nach meiner Ansicht könnten sich die Krankenkassen eine Menge Geld sparen, wenn es endlich einmal eine sinnvolle und gezielte Aufklärung zum Thema Ernährung geben würde! Hah!!! Wenn ich Gesundheitsministerin wäre! Da wär was los in Sachen Ernährung! Es darf uneingeschränkt gelacht werden, aber vergessen Sie vor lauter Lachen nicht, sich bei Ihrem nächsten Einkauf im Reformhaus Hefeflocken zu besorgen. Und wenn Sie Ihr nächstes Stück Kuchen essen, dann denken Sie daran: Die Räuber sind unter uns!

Alles, was ich zum Kochen brauche, gibt es auf dem Markt, in Bioläden und im Reformhaus!

Gut gewürzt ist halb gekocht

Bei meinen Großeltern in Posen gab es ein liebenswertes Faktotum namens Annchen. Eigentlich hieß sie ja Anna, aber da meine Großmutter prinzipiell alle Namen von Menschen und Tieren mit einem zärtlichen »chen« zu versehen pflegte, wurde Anna auch noch nach Jahrzehnten von Groß und Klein mit Annchen gerufen. Sie ahnen sicher, auch mein Name Gudula wurde bereits kurz nach meiner Geburt von Omi in »Gudichen« verwandelt! Klein-Gudichen liebte also dieses Annchen sehr, denn sie roch immer so gut nach Essen und Kuchen. Kein Wunder, denn die meiste Zeit des Tages hielt sie sich in der Küche auf und bereitete irgendwelche geheimnisvollen, duftenden Speisen zu. Einmal am Tag verließ sie aber ganz sicher ihr Reich, um in den kleinen Garten zu gehen, der hinter dem Haus der Großeltern lag. Dieser Garten war märchenhaft. Ziemlich klein, von einem alten Mäuerchen umgeben und reichlich verwildert. Jedenfalls wuchs dort alles durcheinander, und etwas ähnliches wie ein Beet gab es überhaupt nicht! Nur Blumen und Kräuter! Ein richtiger kleiner Zaubergarten, in den ich mich als Kind stundenlang verkroch und mit offenen Augen vor mich hinträumte. Was da so an einem heißen Sommertag alles für Wohlgerüche an meiner Nase vorbeizogen, das kann ich Ihnen leider nur sehr vage beschreiben, aber an die Kräuter erinnere ich mich noch genau. Da wuchsen riesige Lavendelbüsche neben Dillkraut und Rosmarin. Da gab es Basilikum und Salbei, Liebstöckel, Majoran, Bohnenkraut und vieles mehr. Irgendwo verströmten auch ein paar Rosenstöcke ihren Duft, und in einer Ecke des Gartens hatte sich ein riesiges Büschel roter Klatschmohn breitgemacht. Damals registrierte ich nur, wie herrlich all diese Pflanzen rochen. Inzwischen habe ich längst gelernt, daß Gewürze und Kräuter viel mehr bieten als nur anregende Düfte und Geschmacksverbesserungen. Eigentlich sind es doch alles kleine Arzneimittel, die, richtig verwendet, sehr erheblich zu unserem Wohlbefinden beitragen können.

Die ätherischen Öle der Gewürze wirken appetitanregend und verdauungsfördernd, gallebildend, kreislaufanregend und vieles mehr. Wie gesagt, Großmutters Annchen wußte das damals schon alles ganz genau. Ich hab' es inzwischen auch gelernt und möchte Ihnen gerne auf den nachstehenden Seiten meine bescheidenen Kenntnisse weitergeben. Denn, abgesehen vom gesundheitlichen Nutzen, verleihen richtig angewendete Gewürze jedem Gericht mehr Geschmack und Exklusivität.

Die Geschichte der Medizin lehrt, daß sie um so vollkommener war, je mehr man sich an die Natur gehalten hat.

CH. W. HUFELAND

Kräuter und Gewürze

Anis
enthält ätherische Öle, die krampflösend, schmerzstillend und schleimlösend sind. Sie vertreiben Blähungen und regen Appetit sowie Verdauung an. Anis als Tee mit frischem Apfelmus oder sogar bei Krautgerichten bewirkt nur Gutes. In Indien serviert man nach dem Essen eine Mischung aus Anissamen, Kokosflocken und Kardamom. Ein Teelöffel voll wird je nach Ausdauer und Lust so lange wie möglich gekaut. Dadurch werden Zähne und Atem gereinigt und gleichzeitig die Verdauung angeregt.

Brennessel
enthält Kalk, Kalium, Phosphor, Schwefel, Kieselsäure, die Vitamine A, B und C. Die Brennessel ist ein großartiger Eisen- und Chlorophylllieferant. Deshalb sollte man sich nicht scheuen, sie in den Speiseplan mit einzubauen. Beim Pflücken eventuell Handschuhe anziehen, sobald die Blätter gekocht oder geschnitten sind, brennen sie nicht mehr. Nur junge Blätter verwenden. Brennesselsaft äußerlich angewendet ist ein fabelhaftes Haarwuchsmittel. Innerlich wirkt die Brennessel blutbildend, blutreinigend und blutstillend. Günstig bei Rheuma, Hautausschlägen und Bronchitis. Als Suppe, Gemüse oder feingeschnitten in Quarkspeisen und Salaten zu verwenden.

Basilikum
ist ein vielseitiges Gewürz- und Heilkraut. Hochgestellte Ägypter bekamen einen Basilikumkranz mit in ihre Grabkammern, wovon sie sicher nicht mehr viel hatten! Da läßt sich in der Küche mehr damit anfangen. Basilikum paßt zu allen Gemüsen, Nudel- und Reisgerichten, aber auch zu Saucen und Salaten. Ähnlich wie Anis wirkt es schmerzstillend, magenstärkend und beruhigend. Nervösen Kindern und Erwachsenen sollte man vor dem Schlafengehen eine Tasse Basilikumtee geben, das wirkt Wunder. Bei stillenden Müttern fördert es die Milchbildung.

Bockshornklee
Bockshornkleesamen und -blätter sind leider viel zu wenig als Küchen-

gewürz bekannt. Einige Körnchen bei Zwiebel- oder Krautgerichten mitgekocht, vertreiben alle Blähungen. Speziell die Blätter geben Speisen aus Hülsenfrüchten oder Kartoffeln ein ganz ausgezeichnetes Aroma. Früher wurde Bockshornklee als Mittel gegen Impotenz eingesetzt. Ob es allerdings auch wirklich genützt hat, entzieht sich meiner Kenntnis.

Bohnenkraut
wird speziell bei Bohnen, Hülsenfrüchten und Kohl verwendet, da es die blähende Wirkung dieser Speisen beseitigen hilft. Wirkt schmerzlindernd bei Koliken und Durchfall und wird gerne in Verbindung mit Basilikum verwendet. Auch bei Kartoffel-, Kraut- oder Bohnensalaten zugeben.

Borretsch
verwendet man bei Salaten, Quarkspeisen und anderem, darf aber niemals mitgekocht werden. Er enthält viel Kieselsäure (gut für Haare und Nägel), Kalium und Kalzium, hilft bei Venen- und Schleimhautentzündungen und wirkt herzstärkend und nervenberuhigend. Borretschtee (1 Teelöffel voll mit 1 Tasse kochendem Wasser überbrühen) wirkt aufheiternd und wird deshalb Frauen in den Wechseljahren empfohlen.

Brunnenkresse
braucht viel Wasser zum Gedeihen und wächst vorzugsweise an Quellen, klaren Bächen und Teichen, manchmal sogar auf sehr nassen Wiesen. Durch den hohen Vitamin-C-Gehalt ist sie ideal für die Frühjahrsentschlackungskur, außerdem enthält sie Jod und Eisen. Die ätherischen Öle und Bitterstoffe wirken blutreinigend, stoffwechselanregend und fördern den Gallenfluß. Am besten mischt man die Brunnenkresse mit anderem Salat, damit der scharfe Eigengeschmack etwas abgemildert wird. Auch Kressesaft ist sehr gesund! Schaffen Sie es, 14 Tage lang ein Glas frischgepreßte Kresse zu trinken? Ich nicht.

Dill
ist reich an Mineralien und rundet Salate, Saucen und Kartoffelgerichte

geschmacklich ab. Darf wie Borretsch niemals bei Speisen mitgekocht werden. Dill ist ein fantastisches Würzmittel für Zuckerkranke, da die in der Pflanze enthaltenen Salze den Organismus nicht belasten. In der Heilkunde wird Dill auch bei Schlafstörungen verwendet sowie zur Anregung der Milchbildung bei stillenden Müttern.

Estragon
regt den Appetit an, bekämpft Magenübersäuerung und Blähungen. Günstig bei Gicht und Rheumatismus, da wassertreibend. Estragon paßt zu Saucen, Salaten, Gemüse wie Schwarzwurzeln und Gurken.

Fenchel
reich an Mineralien und Kieselsäure. Der aromatische Geruch bei den Früchten wird durch die ätherischen Öle, hauptsächlich Anethol, bewirkt. Die getrockneten Samen werden hauptsächlich als Beruhigungstee verwendet. Fenchel wirkt krampflösend, beseitigt Blähungen und fördert die Verdauung.

Frauenmantel
wächst auf allen Wiesen, Feld- und Waldrändern. Beim Sammeln sollte man unbedingt darauf achten, auf ungedüngten Flächen zu pflücken. Frauenmantel eignet sich als Beigabe zu gemischten Blattsalaten, aber auch als Tee. Die in der Pflanze enthaltenen Bitterstoffe regen den Gallenfluß an, außerdem fördert er bei Geburten die anschließende Wundheilung. Auch bei Menstruationsstörungen hilfreich.

Huflattich
Junge Blätter als Salat verwenden. Als Tee bei Husten, Heiserkeit und Erkrankungen der Atemwege, als Kompressen entzündungshemmend bei Bindehautentzündungen, Gerstenkörnern u. ä. Frische Huflattichblätter haben eine stark heilende Wirkung bei offenen Wunden. Pfarrer Kneipp pflegte die Blätter auch bei Fieber auf die Brust zu legen.

Ingwer
als frische oder getrocknete Wurzel oder als Pulver erhältlich. Ingwer gilt

als appetitanregend und verdauungsfördernd. Eine kleine Scheibe Ingwer eine halbe Stunde vor dem Essen kauen, oder 1 Prise Salz mit einer Messerspitze Ingwerpulver zu sich nehmen, beseitigt Verdauungsschwierigkeiten. Hilft sogar bei Ruhr. Ingwer paßt zu allen Bohnen- und Kohlarten und zu Hülsenfrüchten. Wird auch als Backgewürz verwendet.

Kardamom
gehört zur Familie der Ingwerpflanzen. Es gibt rote und grüne Kardamomschoten, in deren Innerem sich winzige Kügelchen befinden. Kardamomschoten sind äußerst sparsam zu verwenden, denn sie würzen sehr intensiv. Man verwendet Kardamom zu Tee, Süßspeisen und auch als Milchmixgetränk. Im Handel ist meistens nur Kardamompulver erhältlich, Kardamomschoten müssen im Mörser zerdrückt werden. Durch die vorhandenen ätherischen Öle wirkt Kardamom ausgesprochen magenfreundlich, nervenberuhigend und kühlend. Kardamom reinigt den Atem und regt die Verdauung an.

Kerbel
würzt ähnlich wie Fenchel. Kann bei allen Salaten und Gemüsegerichten verwendet werden, darf jedoch niemals mitgekocht werden, da der hohe Vitamin-C-Gehalt sonst zerstört würde. Kerbel wirkt sich günstig bei Hautkrankheiten, Gallenbeschwerden und Gicht aus. Frisch gepreßter Kerbelsaft ist besonders wirksam.

Koriander
ist ein vielseitiges Würzmittel, das verdauungsfördernd und harntreibend wirkt. Es regt den Appetit an, verhindert Blähungen und hilft bei Gallebeschwerden. Koriander verwendet man bei Chutneys, zu Apfel- und Pflaumenmus, aber auch bei manchen Gemüsegerichten und Curries.

Knoblauch
ist ein wichtiges Würz- und Heilmittel. Reich an Vitaminen und essentiellen Ölen wirkt er blutreinigend, appetitanregend, antiseptisch, blut-

drucksenkend und harntreibend. In Tierversuchen wurde außerdem festgestellt, daß Knoblauch ausgesprochen krebsfeindlich ist. Bei Stichen und Bissen wirkt der Knoblauch ebenso entgiftend und entzündungshemmend wie die Zwiebel. Regelmäßige Einnahme von ein bis zwei Zehen pro Tag bewahren vor frühzeitigen Alterserscheinungen. Es ist bekannt, daß die Bewohner des Kaukasus ausgesprochen viel Knoblauch und Zwiebeln essen und das ihr ganzes Leben lang. Außerdem vertreibt Knoblauch Verkrampfungen (Beine, Kopf) und behebt alle Verdauungsstörungen. In Grippezeiten ein fantastisches Mittel zur Stärkung der Widerstandskraft!

Kurkuma

auch Gelbwurz genannt, ist ein wichtiger Bestandteil bei Curry. Wird aber auch allein als Pulver hergestellt. Kurkuma ist jodhaltig und wirkt entzündungshemmend und blutreinigend. Kurkuma kann zu allen Gemüse- und Bohnengerichten verwendet werden und bessert jede Speise auf. In Indien wird Kurkuma zusammen mit Senföl und etwas Salz als Zahnputzpulver verwendet.

Kümmel

kräftigt den Magen, vertreibt Krämpfe und Blähungen und regt die Verdauung an. Alle blähenden Speisen wie Kohl, Hülsenfrüchte und Bohnen werden durch Kümmel bekömmlicher. Kümmeltee regt außerdem die Milchbildung bei stillenden Müttern an.

Liebstöckel

wirkt harntreibend, verdauungsfördernd und krampflösend. Paßt zu Suppen, Salaten, Saucen und Gemüse. Als Tee günstig bei chronischen Herzleiden und zur Nierenreinigung. Als Gesichtsdampfbad für die Schönheit! Macht schlaffe Haut wieder spannkräftiger.

Löwenzahn

Nur die jungen Blätter verwenden. Ergibt einen ausgezeichneten Salat, der entwässert, das Blut reinigt und den Stoffwechsel anregt. Löwenzahn ist voller Vitamine, darunter sogar B 2! Außerdem liefert er uns noch so wichtige Mineralien wie Kieselsäure, Kalium, Magnesium, Kupfer, Zink. Die Bitterstoffe regen den Gallenfluß an, außerdem hilft der Löwenzahn erstaunlich intensiv bei allen Rheumaerkrankungen, vorausgesetzt man nimmt den Löwenzahn regelmäßig zu sich. In Reformhäusern gibt es ausgezeichnete Löwenzahnsäfte. In Frankreich kann man den Löwenzahn sogar als Salat auf jedem Markt kaufen.

Lorbeerblätter
stammen vom Lorbeerbaum, der wie der Zimtbaum nur in sehr heißen, subtropischen Ländern gedeiht. Lorbeerblätter sind außerordentlich aromatisch, aber nicht eßbar. Man kocht sie mit und entfernt sie kurz vor dem Servieren.

Majoran
darf nicht mitgekocht werden. Kräftigt Magen und Darm und hilft bei Koliken und Blähungen. Beliebtes Gewürz bei Pizzas, Käsegerichten, Bohnen und Hülsenfrüchten. Frische Majoranblätter im Salat sind eine zusätzliche Bereicherung. Majoransalbe hilft bei Rheuma und Gicht, Majorantee wirkt nervenstärkend und schweißtreibend.

Meerrettich
enthält Eisen, Kieselsäure, Kalium, Schwefel und Sinigrin, das sich nach Aufspaltung in Senföl verwandelt. Meerrettich wirkt stark blut- und knochenbildend, harntreibend und hat eine ausgesprochen entzündungshemmende Wirkung. Geriebener Meerrettich als Umschlag wirkt günstig bei Akne, Ischias, Rheuma und Krämpfen. Beliebt als Salat, als Brotaufstrich mit geriebenen Äpfeln oder mit Quark vermischt. Muß beim Reiben laufend mit Zitrone beträufelt werden, da sich der Meerrettich sehr schnell unansehnlich verfärbt.

Nelken
sind die getrockneten Knospen des Nelkenbaumes. Geben Glühwein, heißen Obstsuppen, Kompotten ein unvergleichliches Aroma und sind beliebt bei Weihnachtsbäckerei. Nelken haben eine antiseptische und beruhigende Wirkung. Bei Zahnschmerzen auf eine Nelke beißen.

Paprika
haben nicht etwa die Ungarn erfunden, sondern er stammt aus Amerika. Er enthält viel Kapsaizin (daher die beißende Schärfe) sowie Karotinoiden (Vorstufe zu Vitamin A) und reichlich Vitamin C. Genauer gesagt vier bis fünfmal soviel wie eine Zitrone. Die Früchte werden kleingeschnitten in Gemüseeintöpfen verwendet oder mit verschiedenen Füllungen gedünstet. Paprikapulver wird nur von den roten Schoten hergestellt. Die Menge der verwendeten Samenkörner beim Mahlen entscheidet über den Schärfegrad. Edelsüßer Paprika enthält mehr Fruchtfleisch und wenig Körner, Rosenpaprika ist schärfer, da er alles zu gleichen Teilen enthält. Im allgemeinen kann man sagen, daß die Schärfe des Pulvers an der Farbe zu erkennen ist. Je mehr Rot, desto **weniger** scharf. Sieht das Parikapulver mehr bräunlich aus, dann Achtung, Feuergefahr! Es wurden beim Mahlen nur Körner verwendet.

Petersilie
ist sicher das am meisten verwendete Küchengewürz. Reich an Vitamin C und A sowie an zahlreichen Mineralien. Petersilie wirkt stark entwässernd, hilft bei Rheuma, Schilddrüsenüberfunktion, Blasen- und Nierenleiden. Paßt zu allen Gemüsegerichten, Salaten, Quarkspeisen und Suppen. In Butterschmalz knusprig gebackene Petersilie ist eine delikate Beilage zu vielen Gerichten!

Pfeffer
hilft das Fett zu verdauen und regt die Darmtätigkeit an. Günstig bei Erkrankungen der Luftwege. Täglich ein viertel Teelöffel frischgemahlener schwarzer Pfeffer mit Honig vermischt macht Sie fit und widerstandsfähig gegen alle Erkältungen. Eine Tasse Tee aus Pfefferkörnern zubereitet, hilft Fieber senken. Pfeffer stärkt Ihre Gesundheit in jeder Beziehung, in Indien gibt es sogar Asketen, die von nur 7 schwarzen Pfefferkörnern täglich leben! Weißer Pfeffer entsteht, wenn man vor dem Mahlen die schwarzen Pfefferfrüchte schält. Cayennepfeffer hat übrigens nichts mit Pfeffer zu tun, sondern wird aus den zu der Familie Paprika gehörenden Pfefferschoten gemahlen.

Rosmarin
ein beliebtes Gewürz bei allen gebratenen Gerichten. Paßt auch zu Pilzen, Gemüsen und Salaten. Besonders beliebt in der italienischen und spanischen Küche. Rosmarin regt Kreislauf und Nerven an und steigert die Leistungsfähigkeit. Rosmarintee lindert nervöse Kopfschmerzen und Erschöpfungszustände. Ältere Menschen sollten zur Belebung Rosmarintropfen einnehmen. Rosmarinbäder wegen der belebenden Wirkung niemals abends nehmen.

Sanddorn
enthält extrem viel Vitamin C und sollte deshalb speziell in der Winterzeit zur Stärkung der Widerstandskraft verabreicht werden. Sanddorn gibt es in jeder Apotheke, Reformhäusern sowie Drogerien zu kaufen und kann in Quarkspeisen, Kompotten und Milchmixgetränken verabreicht werden. In Krisenzeiten vermische ich auch gern einen Teelöffel Mandelmus mit einem Eßlöffel Sanddorn. Das stärkt die Nerven, macht fit und läßt mich alle Bazillenangriffe im Winter besser überstehen.

Sauerampfer
auf allen nassen Wiesen und Wegrändern zu finden. Zu Salaten, oder als Suppe zu verwenden. Wirkt stark blutreinigend. Sauerampfersamen sind ein gutes Mittel gegen Würmer. 1 Teelöffel voll Samen mit einer Tasse kochendem Wasser überbrühen!

Senfkörner
gehören zur Familie der Kreuzblütler, deren Samen zum Würzen und zur Herstellung von Tafelsenf verwendet wird. Ganze Körner verwendet man hauptsächlich beim Einmachen von Gurken, Zwiebeln, Kürbis. Senfpulver paßt zu Saucen, Salaten und Gemüse. Einen Teelöffel Senfkörner morgens mit etwas lauwarmem Wasser schlucken, ist ein beliebtes Hausmittel bei Verstopfung.

Schafgarbe
wächst an trockenen Waldrändern und Wiesen. Enthält viele wichtige Mineralien, unter anderem Kalium, Schwefel- und Kieselsäure. Nur jun-

ge Blätter verwenden, wie bei allen Wiesenkräutern. Eignet sich besonders als Beigabe zu frischen Kräutersalaten. Schafgarbentee hilft bei Magen-, Galle- und Darmbeschwerden. Er regt die Lebertätigkeit an und wirkt krampflösend. Günstig während der Wechseljahre und anderen Frauenbeschwerden.

Spitzwegerich
gehört wie sein Bruder, der Rundwegerich, zu den bekanntesten Heilpflanzen. Die jungen Blätter bei Salaten und Quarkspeisen verwenden. Enthält Vitamin C und ist reich an Kieselsäure. Günstig bei Blasen- und Nierenleiden, bei allen Erkrankungen der Luftwege und bei Asthma. Bei kleineren Wunden und Hautabschürfungen zerquetschte Blätter sofort zur Linderung auf die betroffenen Stellen legen.

Schnittlauch
darf nie mitgekocht werden. Zählt neben der Petersilie zu dem bekanntesten Küchenkraut. Paßt zu allen Salaten, auf Butterbrot und zu Quark. Am besten, man hat selbst einen Schnittlauchstock im Blumentopf am Küchenfenster stehen, denn nur frisch schmeckt er richtig gut.

Thymian
stark würzende Heilpflanze, die hervorragend bei Keuchhusten, Bronchitis und Sodbrennen hilft. Paßt zu Salaten aus Hülsenfrüchten, zu Kartoffeln, Eiern, Knoblauch und Oliven. Als Badezusatz wirkt er wohltuend bei Rheumabeschwerden und Schlaflosigkeit.

Vanille
nicht alles was als Vanillezucker verkauft wird, ist auch mit echter Vanille hergestellt worden! Im Reformhaus gibt es auf jeden Fall richtigen Vanillezucker. Oder Sie verwenden nur ganze Vanilleschoten. Ein Stück davon mitkochen und vor dem Servieren entfernen. Ideal bei Puddingen, süßen Grieß- und Reisspeisen sowie Kompott.

Wacholder
sehr beliebt beim Einmachen und zu Sauerkrautsalat und -eintöpfen.

Wacholderbeeren sind seit jeher ein geschätztes Heilmittel bei Blasenkatarrh, Neigung zu Grieß- und Steinbildung. Hilft auch bei chronischen Gelenkrheumatismus. Nierenkranke dürfen keinen Wacholder zu sich nehmen. Bei längerem Gebrauch werden die Nieren sogar bei Gesunden gereizt. Länger als 4 bis fünf Wochen sollte man keine Wacholderkur machen. Wacholdersaft gibt es im Reformhaus. Oder man kaut 15 Tage lang täglich eine Beere mehr, beginnend mit einer, am ersten Tag, bis man am fünfzehnten Tag 15 Stück zu sich nimmt. Dann wieder täglich um eine Beere reduzieren.

Zimt
gibt es als Stangen oder Pulver zu kaufen und wird ebenso wie die Vanille mitgekocht. Meistens verwendet man beides zusammen. Beliebt bei Kompott, Milchreis, Milchsuppe, Hirsebrei und Glühwein. Unentbehrlich beim Backen, speziell um die Weihnachtszeit. Gewonnen wird Zimt aus der Rinde verschiedener Zimtbaumarten.

Zwiebel
verfeinert fast jedes Gericht außer Süßspeisen. Aber das allein sollte nicht der Grund für häufigen Verzehr sein. Die Zwiebel ist auch ausgesprochen gesund und hilft gegen manches Übel. Sie wirkt appetitanregend, harntreibend und verdauungsfördernd. Auch für Zuckerkranke ist sie ideal, denn sie enthält Glukokinine, die den Blutzuckerspiegel senken. Wird die Zwiebel roh verzehrt, sollte man sie so klein wie möglich schneiden oder reiben, da sonst die Gefahr besteht, daß sie nicht genügend gekaut wird und Blähungen entstehen. Äußerlich angewendet hat die Zwiebel die Fähigkeit, entzündungshemmend und bakterientötend zu wirken. Nach Bienen- oder Wespenstichen sofort Zwiebelscheiben auflegen! Hartnäckige Bronchitis und Katarrhe können ebenfalls mit Zwiebelauflagen an Hals und Brust kuriert werden. Dazu legt man die rohen Zwiebelscheiben auf die kranken Stellen, deckt mit Handtüchern ab und läßt den Patienten ein bis zwei Stunden gut zugedeckt ruhen. Empfindliche Haut sollte man vorher einfetten.

Zitrone
Nach Möglichkeit nur ungespritzte Früchte verwenden. Geriebene Zitronenschale verfeinert viele süße Nachspeisen und Backwerk. Zitronensaft gibt so mancher zu langweilig geratenen Suppe einen appetitanregenden Pfiff und ist unentbehrlich bei allen Salaten, bei pikanten Saucen und Cremes. Die Zitrone hat einen hohen Vitamin-C-Gehalt und wirkt bakterientötend.

Zitronenmelisse
verfeinert frische Salate, Rohkostteller und Kräuterquark. Verwendet man Zitronenmelisse, sollte man nicht zusätzlich Zitronensaft nehmen, sondern lieber etwas Kräuteressig. Wirkt anregend, beruhigend und lindert Brechreiz und Übelkeit. Bei Schlaflosigkeit und Depressionen wird sie ebenfalls empfohlen. Werden die Blätter als Tee verwendet, niemals kochen, sondern nur aufbrühen.

Wiesenkräuter

Schon als kleines Kind lernte ich, daß auf der Wiese eine ganze Menge Pflanzen wachsen, die man auch essen kann. Bei jedem Spaziergang wurde ich angehalten, nach jungen Löwenzahn-, Schafgarbe- und Frauenmantelblättern zu suchen. Auch Spitzwegerich und Rundwegerich wurden mitgenommen und gelegentlich ein wenig Sauerampfer und junge Brennesselspitzen. Meine Mutter machte daraus ganz erstaunliche Salate und Saucen, die wir meistens zusammen mit Pellkartoffeln aßen. Warum dies so oft auf dem Speisezettel stand, darüber machte ich mir keine Gedanken, Hauptsache es schmeckte gut. Daß uns durch diese gezielten, natürlichen Vitaminstöße ganz sicher eine Menge Mangelerscheinungen und gesundheitliche Störungen erspart geblie-

ben sind, habe ich erst richtig begriffen, als ich selbst Mutter geworden war und das Thema »Essen« sich unmerklich in »Nahrungsfürsorge« umgewandelt hatte. Nicht **daß** ich mein Kind ernährte, war entscheidend geworden, sondern das **wie**!
Hier nun zwei Rezepte aus meiner Kindheit, die ich immer dann gerne in meinen Speiseplan einbaue, wenn ich eine ungedüngte Wiese entdeckt habe!

Löwenzahn-Quark

Junge Löwenzahnblätter (je nach Sammlerglück zwischen 50 und 250 g), 250 g Quark, 1 EL Zitronensaft, etwas Sahne oder Milch, Kräutersalz und 1 Prise frischgemahlener Pfeffer, 2 EL Salatöl

Löwenzahnblätter waschen und mit einer Petersilienwiege oder einem scharfen Messer so fein wie möglich schneiden. Den Quark mit etwas Zitronensaft und Milch oder Sahne anrühren und mit den Gewürzen nach Belieben abschmecken.

Feine Wiesenkräutersauce

250 g frischgepflückte Kräuter (junge Löwenzahn-, Schafgarbe-, Frauenmantel- und Wegerichblätter), 1 EL Vollkornmehl, ⅛ l Wasser, 1-2 EL Zitronensaft, süße Sahne und Salz nach Belieben

Die Wiesenkräuter waschen und feinhacken. Dann das Vollkornmehl trocken kurz anrösten und mit Wasser aufgießen. Einige Minuten kochen lassen und dann mit Zitronensaft, Salz und Sahne abschmecken. Die Kräuter darunterziehen und nicht mehr kochen. Paßt zu Kartoffeln und Reis, bessert alle reinen Gemüsegerichte auf!

Salate

Sellerie

Beim Hochzeitsessen meiner Eltern (im Jahr 1926) gab es als Krönung gebackene Selleriescheiben! Noch heute macht diese Geschichte die Runde in meiner Verwandtschaft, und meine Mutter ist auf Lachtränen abonniert, wenn sie an die pikierten und entsetzten Gesichter denkt, die dieses skurrile Hochzeitsmahl betrachteten, das der stolze Bräutigam sich da ernährungsbewußt und biologisch-interessiert hatte einfallen lassen. Gebackene Selleriescheiben! Gelegentlich mußte auch ich das als Kind über mich ergehen lassen. Das Rezept werden Sie in diesem Kochbuch vergeblich suchen. *Ich* kann Selleriescheiben nicht ausstehen! Dafür habe ich mich dann in späteren Jahren, als das Schicksal eines Hausfrauen- und Köchinnendaseins mich eingeholt hatte, in geraspelter Form mit dieser erstaunlichen Knolle befaßt. Denn der Sellerie hat so viele Qualitäten, daß es ein Jammer wäre, wenn man sie außer acht lassen würde. Sellerie ist ein ausgesprochener Muntermacher! Er stärkt die Nerven, verjagt Depressionen und regt durch seine sexualhormonartigen Stoffe auch sonst so einiges an. Für Gicht- und Rheumakranke hält er sehr wirksame ätherische Öle bereit, die den Stoffwechsel anregen und somit helfen, die schädliche Harnsäure abzutransportieren. Außerdem befinden sich im Sellerie insulinähnliche Stoffe, die sehr hilfreich bei Diabetes sind. Ob Väterchen das alles damals schon wußte?

Englischer Selleriesalat

3 Stauden Stangensellerie, 1 Handvoll Rosinen, 1 Apfel, ½ Tasse gehackte Mandeln, 1 Becher Joghurt, 1 reife Avocado, 1 TL Zitrone, 1 Eigelb, Salz, Pfeffer

Stangensellerie waschen und in Scheiben schneiden. Rosinen kurz mit heißem Wasser überbrühen, die gehackten Mandeln in einer fettfreien

Pfanne leicht anrösten. Die Avocado schälen, entkernen und mit einer Gabel zerdrücken. Mit Joghurt, Zitronensaft, Eigelb, Salz und Pfeffer zu einer cremigen Salatsauce anrühren, Apfel hineinreiben und alle Zutaten gut vermengen. Die gerösteten Mandeln zum Schluß darüberstreuen.

Selleriesalat mit Birnen und Appenzeller

2 große Birnen, 400 g gekochte Sellerieknolle oder Sellerie aus dem Glas, 200 g Appenzeller Käse, 1 Becher Joghurt, 2 EL Sauerrahm, 1 EL Salatöl, 1 TL Senf, Sojasauce, Kräutersalz

Birnen waschen, schälen und ebenso wie den Käse in Würfel schneiden. Sellerie gut abtropfen lassen, kleinschneiden und zusammen mit Birnen- und Käsewürfeln in die Salatsauce aus Joghurt, Sauerrahm, Öl, Senf, Sojasauce und Salz legen und gut miteinander vermischen.

Kohlrabirohkost mit Bananen

4 mittelgroße, junge Kohlrabi, 1 Banane, 1 TL Zitrone, ⅛ l süße Sahne, ½ TL Curry, Salz, Pfeffer, 1 Messerspitze Zucker

Kohlrabi schälen und je nach Wunsch grob oder fein raspeln, Banane in dünne Scheiben schneiden. Aus den angegebenen Zutaten eine feine Sauce herstellen und über die Kohlrabi und Banane gießen.

Bunt und gesund

1 Dose Maiskörner, 6 Scheiben Tartex-Frikadellen, 1 Apfel, 1 grüne Paprikaschote, 2 mittlere Tomaten, ½ gehackte Zwiebel, 1 Becher Bioghurt, 1 EL Zitronensaft, ½ TL Reformsenf, 1 Prise Zucker, Salz, Streuwürze und etwas Pfeffer zum Würzen

Mais abtropfen lassen, Frikadellen, geschälter Apfel, entkernte und gewaschene Paprika sowie die gehäuteten Tomaten in Würfel schneiden.

Die übrigen Zutaten mit Joghurt verrühren, pikant abschmecken und über den Salat gießen. Kühl stellen und ziehen lassen.

Delikateßsalat

3 zarte Kohlrabi, 1 Päckchen junge Erbsen, 150 g grüne Brechbohnen, 1 Pfund grüner Spargel, 1 Bund Radieschen, 4 Artischockenherzen, 6 EL Olivenöl, 2 EL Rotweinessig, 4 TL Sojasauce, 3 El Sauerrahm, ½ TL Koriander, ½ TL Thymian, Salz, Pfeffer, 1 EL Schnittlauch, 1 EL gehackte Petersilie

Kohlrabi schälen und in feine Stifte schneiden. Erbsen und Bohnen in etwas Salzwasser garen, abtropfen lassen. Spargelstangen schälen, kochen, zerkleinern und holzige Teile entfernen. Radieschen waschen und in Scheiben schneiden, Artischockenherzen würfeln. Aus Öl, Essig, Sojasauce, Sauerrahm, Koriander, Thymian, Salz und Pfeffer eine würzige Salatsauce anrühren, mit den Zutaten vermengen und mit Schnittlauch und mit Petersilie bestreuen.

Karotten

Bei Karotten kann man mit gutem Gewissen den Rat geben, je mehr desto besser, am besten täglich! Denn was die unscheinbare Karotte so alles bewirkt, das grenzt schon fast an ein Wunder. Durch ihren hohen Gehalt an Karotin wird unsere Abwehrkraft gestärkt, die Haut wird schöner, die inneren Organe und die Schleimhäute gekräftigt und last not least, die Sehkraft wird bei regelmäßigem Karottengenuß erheblich verbessert. Mehr noch, ohne das Karotin kann der Körper den notwendigen Sehpurpur nicht herstellen, ohne den wir in der Dämmerung und nachts nichts mehr sehen können. Für Autofahrer und alle diejenigen, die im Beruf besonders auf eine einwandfreie Sehkraft angewiesen sind, wäre es bestimmt ratsam, täglich ein Glas Karottensaft zu trinken. Allerdings immer mit ein paar Tropfen Öl oder Sahne vermischt, denn ohne diesen Fettzusatz kann der Körper das Karotin nicht in das notwendige Vitamin A umwandeln.
Nach neuesten medizinischen Erkenntnissen soll das Karotin auch eine ausgesprochen vorbeugende Wirkung gegen Krebs haben. Nachtblindheit kann mit einer Karottenernährung geheilt werden. Eigentlich Gründe genug, um die Karotte in den täglichen Speiseplan einzubauen, finden Sie nicht?

Karottensalat mit China-Dressing

500 g junge frische Karotten, 1 Apfel, 1 Tasse Sojasprossen, 2 EL Salatöl, 2 EL Sojasauce, 1 EL Zitronensaft, ½ TL Selleriesalz, ½ TL Ingwerpulver, 2 EL Wasser

Die Karotten und den Apfel fein raspeln. Aus den übrigen Zutaten eine pikante Salatsauce herstellen und mit den Sojasprossen, den Karotten und dem Apfel gut vermengen. Dazu schmecken auch Pellkartoffeln.

Sahne-Karottenrohkost

500 g junge Karotten, ⅛ l süße Sahne, 1 TL Zitronensaft, 1 TL Streuwürze, 2 EL gehackte Walnüsse

Die gewaschenen und geschälten Karotten ganz fein raspeln und mit Zitronensaft und Streuwürze abschmecken. Die Sahne flüssig oder geschlagen darunterziehen und die gehackten Walnüsse zum Schluß damit vermischen.

Rote Bete

Diese relativ unansehnlichen Knollen sind die reinste Naturapotheke. Ihr dunkelrotes Inneres beinhaltet so ziemlich alles, was der Mensch zum Gesundsein und -bleiben braucht. Rote Bete sind harntreibend, daher harnsäureausschwemmend, blutreinigend und gleichzeitig stark blutbildend. Die ideale Kost für Schwangere, heranwachsende Kinder und Rekonvaleszenten. Außerdem belebt sie unseren Kreislauf, reguliert den Blutdruck und beeinflußt wirkungsvoll den gesamten Verdauungstrakt. Während der Wintermonate sind rote Bete ein ideales Mittel, um der gefürchteten Grippe und anderen Infekten ein Schnippchen zu schlagen. Roter Rübensaft oder -salat, gekocht oder roh möglichst häufig genossen, macht nachweisbar widerstandsfähiger und gesünder. Dafür sorgen der hohe Gehalt an Eisen, Kalzium, Kalium, Phosphor sowie die vielen Vitamine. Der intensive rote Farbstoff sollte Sie auf gar keinen Fall vom Zubereiten dieser Wunderknolle abhalten. Außerdem wurde bei zahlreichen Tierversuchen eindeutig die krebshemmende Wirkung der roten Bete festgestellt. Seither werden Krebskranke in manchen Kliniken bereits regelmäßig mit ungekochten roten Rüben behandelt. Sie sehen, der rote Saft hat's in sich! Also lieber Gummihandschuhe beim Zubereiten anziehen, als aus Scheu vor roten Fingern diese Rübe nicht verwenden.

Rote Bete mit Pfiff

4 rote Bete, 100 g Gervaiskäse oder Cantadou, 2 zerdrückte Knoblauchzehen, 1 EL Weizenkleie, 1 EL Bierhefeflocken, 1 Messerspitze Ingwerpulver, ½ TL Koriander, Salz, Pfeffer, 1 EL Butterschmalz, 2 EL geriebener Parmesankäse, Basilikumblätter oder Petersiliensträußchen zum Garnieren

Rote Bete waschen, kochen und schälen. Vorsichtig aushöhlen und diese Masse mit einer Gabel zerdrücken oder im Mixer zerkleinern. Käse,

Knoblauch, Weizenkleie, Bierhefeflocken dazumengen und mit den Gewürzen pikant abschmecken. Sollte die Masse zu trocken sein, etwas Sauerrahm dazugeben. Die roten Bete damit füllen, in eine feuerfeste gefettete Form setzen und 30 Minuten im vorgeheizten Rohr bei 180° C überbacken. Vor dem Servieren mit Parmesan bestreuen und mit Basilikum oder Petersilie garnieren.

Rote Bete mit Linsen

**1 Tasse Linsen, 2 rote Bete, 2 Zwiebeln, ¼ l Wasser,
2 EL Butterschmalz, 2 Tomaten, 1 TL Salz, 1 TL Koriander, 1 TL Kurkuma,
1 Tasse Erbsen, etwas Pfeffer, 4 Lorbeerblätter, 2 EL gehackter Dill**

Die Linsen einige Stunden vorher in Wasser einweichen. Rote Bete garen, schälen und in kleine Würfel schneiden. Zwiebeln hacken, im Butterschmalz goldgelb dünsten, Linsen, Erbsen und rote Bete dazugeben, mit Wasser auffüllen. Lorbeerblätter und alle Gewürze dazugeben und 10 Minuten köcheln lassen. Die Tomaten häuten und kleingeschnitten daruntermengen, nochmals 10 Minuten kochen. Vor dem Verzehr Lorbeerblätter entfernen und mit Dill bestreuen.

Geriebener Rote-Bete-Salat (Anti-Grippe-Salat)

**2 mittelgroße rote Bete, 2 saftige Äpfel, 1 große oder 2 mittlere junge
Karotten, 1 EL Zitronensaft, 3 EL Distelöl, Salz, Streuwürze,
1 Prise Fruchtzucker, 2 EL geröstete Sonnenblumenkerne, eventuell
etwas süße Sahne zum Verfeinern**

Die roten Bete unter fließendem Wasser gründlich bürsten, dann schälen und so fein wie möglich raspeln. Äpfel und Karotten ebenfalls schälen, raspeln und dazugeben. Mit Öl und Gewürzen vermischen, abschmecken und die gerösteten Sonnenblumenkerne daruntermengen. Wem der Geschmack trotzdem noch zu streng ist, der kann noch süße Sahne darübergießen. Das tut der gesundheitsfördernden Wirkung bestimmt keinen Abbruch! Wenn Sie diesen Salat ein paarmal in der Woche auf den Tisch bringen, dann schaffen Sie es bestimmt, sich und Ihre Familie bedeutend gesünder durch den Winter zu bringen.

Rote Bete mit Radieschen und Sesamkernen

750 g rote Bete, 1 Apfel, 1 Bund Radieschen, 1 Zwiebel, 4 EL Distelöl, 2 EL Zitronensaft, Salz, 1 Bund Dill, 2 EL Sesamkerne

Rote Bete waschen, garen und schälen. In Streifchen schneiden und in eine Marinade aus Öl, Zitronensaft, gehacktem Dill, Salz und Pfeffer legen. Apfel schälen, raspeln, Radieschen waschen und in Scheibchen schneiden, Zwiebel kleinhacken. Alles gut miteinander vermengen. Sesamkerne in einer fettfreien Pfanne goldgelb rösten und über den Salat streuen.

Argentinischer Bauernsalat

2 große Kartoffeln, 2 Karotten, 200 g grüne Bohnen, 1 Zwiebel, 1 Chicorée, 2 Radicchio, 1 EL gehackte Petersilie, 1 EL kleingeschnittener Schnittlauch, 2–3 EL Salatöl, 2 EL Sauerrahm, Salz, Pfeffer, Essig oder Zitrone

Kartoffeln, Karotten und Bohnen getrennt garen und anschließend mundgerecht kleinschneiden. Aus Öl, Sauerrahm, Salz, Pfeffer und Essig eine pikante Marinade herstellen, Chicorée und Radicchio waschen und kleinschneiden, ebenso die Zwiebel und alle Zutaten gut miteinander vermengen. Kalt stellen und ziehen lassen. Dazu schmeckt Käse und ein französischer Landwein.

Belgischer Salat

1 große oder 2 kleine rote Bete, 250 g Rosenkohl, ½ Sellerie, Salz, Pfeffer, 1 EL Zitronensaft, 1 Kästchen Gartenkresse, 1 kleiner Becher Sauerrahm, 1 Apfel, 3 EL gehackte Walnüsse

Rosenkohl und rote Bete getrennt kochen. Weichgekochte rote Bete schälen, in kleine Würfel schneiden. Sellerie und Apfel grob raspeln, mit Zitronensaft beträufeln. Kresse aus dem Kästchen schneiden, waschen. Sauerrahm mit den gehackten Walnüssen verrühren, mit Salz und Pfeffer abschmecken. Alle Zutaten gut miteinander vermengen und kühl servieren.

Zucchinisalat

500 g Zucchini, 2 Tomaten, 2 Karotten, 1 Zwiebeln, 3 EL Olivenöl, 2 TL Kräuteressig, 2 zerdrückte Knoblauchzehen, Salz, Pfeffer, 1 TL Basilikum, 1 EL gehackte Petersilie, 1 TL gehackte Minze

Zucchini waschen, in dünne Scheiben schneiden. Tomaten achteln, Karotten putzen und raspeln, Zwiebel hacken. Eine Salatsauce aus den angegebenen Zutaten herstellen und alles gut miteinander vermischen.

Salat Niçoise

1 Kopfsalat, 1 Paket Tiefkühlbohnen, 1 rote Paprika, 4 Tomaten, 1 halbe Gurke, 200 g Champignons, 1 Knoblauchzehe, 5 EL Olivenöl, 3 EL Kräuteressig, Kräutersalz, Pfeffer, je 1 TL gehackte Petersilie, Schnittlauch, Kerbel, Estragon, 2 hartgekochte Eier, 1 Zwiebel, 20 schwarze Oliven

Kopfsalat waschen und die Blätter in Stücke reißen. Bohnen in etwas Salzwasser garen und abkühlen lassen. Paprika waschen, entkernen, in Streifen schneiden, Tomaten und Gurke würfeln, Champignons blättrig schneiden. Die Knoblauchzehe zerdrücken und mit Öl und Essig eine Salatsauce anrühren. Mit Salz und Pfeffer würzen. Den Salat in einer großen Glasschüssel anrichten, mit den Kräutern bestreuen, Salatsauce darübergießen und alles mit Eiachteln garnieren.

Wirsingsalat mit Karotten und Ei

1 Wirsingkopf, 2 Karotten, 3 hartgekochte Eier, 2 EL Sonnenblumenöl, 1 kleiner Becher Sauerrahm, 1 EL Zitronensaft, 1 Zwiebel, 1 TL Reformsenf, 2 EL gemischte Kräuter, Kräutersalz, Pfeffer, 1 Prise Zucker

Wirsingkopf halbieren und 10 Minuten in Salzwasser kochen. Kalt abschrecken, Strunk auslösen und die Blätter in feine Streifen schneiden. Karotten raspeln. Für die Salatsauce alle Zutaten gut miteinander vermengen, Zwiebel und Eier fein hacken und über den Salat streuen. Der Salat muß gleich gegessen werden, da Wirsing sehr schnell bitter wird.

Kikis Spezial-Gurkensalat

Meine Tochter Kristina ist im Laufe der Jahre eine tüchtige kleine Köchin geworden. Eines ihrer ersten Gerichte, an die sie sich, knapp 10jährig, mit Feuereifer heranmachte, war ein Gurkensalat, in den sie kurzerhand all das hineinstreute und rührte, was sie besonders gerne aß! Und das waren die folgenden Zutaten:

1 Salatgurke, ¼ l Sauerrahm, 1 EL Kräuteressig, 2 EL Sonnenblumenöl, Streuwürze, Salz, Pfeffer und Hefeflocken nach Belieben, 1 Bund Dill, 2 EL geröstete Sonnenblumenkerne, 2 EL geröstete Sesamkerne

Gurke waschen, schälen und in dünne Scheiben schneiden oder raspeln. Aus Sauerrahm, Essig, Öl und Gewürzen eine schmackhafte Salatsauce anrühren, Hefeflocken und gehackten Dill untermengen und die gerösteten Sonnenblumen- und Sesamkerne zum Teil vermischen, zum Teil über den Gurkensalat streuen.

Radicchio-Salat mit Buttermilch

¼ l Buttermilch, 2 EL Sonnenblumenöl, ½ TL Kräutersalz, 1 Prise Zucker, 1 kleine Dose Mandarinen, 2 EL geröstete Pinienkerne, 1 Apfel, 400 g Radicchio

Buttermilch mit Öl, Salz und etwas Zucker anrühren, die abgetropften Mandarinen und die Pinienkerne zugeben und einen geschälten Apfel hineinreiben. Die gut gewaschenen Radicchioblätter dazugeben und alles gut mischen.

Erbsen-Fenchel-Salat

3 Fenchelknollen, 1 kleines Päckchen Tiefkühlerbsen, 4 EL Sonnenblumenöl, 2 EL Zitronensaft, 1 Bund Dill, Salz, Pfeffer

Fenchelknollen putzen, kleinschneiden und das Fenchelgrün zusammen mit dem Dill fein hacken. Erbsen in etwas Salzwasser kochen und abkühlen lassen. Aus den übrigen Zutaten eine pikante Marinade anrühren und die Fenchelstücke sowie die Erbsen daruntermengen. Wer will, kann auch noch eine Karotte darunterreiben.

Bohnensalat mit Zwiebeln und Zucchini

1 Dose rote Bohnen, 2–3 Zucchini, 2 Zwiebeln, 4 EL Distelöl, ½ TL Salz, 1 Bund Schnittlauch, 2 EL Zitronensaft

Die Bohnen in einem Sieb mit heißem Wasser abspülen, Zucchini ebenfalls waschen und mit der Schale in dünne Scheibchen schneiden. Beides mit einer Marinade aus Öl, Zitronensaft und Salz übergießen und gehackten Schnittlauch und Zwiebelringe daruntermengen.

Tomatensalat mit Paprika und Roquefort

2 rote Paprikaschoten, 4–6 Tomaten, 1 gehackte Zwiebel, 3 EL Öl, 1 EL Essig oder Zitronensaft, Kräutersalz, Pfeffer, 100 g Roquefortkäse

Die Paprikaschoten waschen, aufschneiden und die Kerne entfernen. Anschließend in dünne Streifen schneiden. Tomaten häuten, dann vierteln oder in Streifen schneiden. Aus Essig, Öl, Salz und Pfeffer eine Salatsauce anrühren, über Tomaten, Paprika und Zwiebel gießen und alles gut vermengen. Zum Schluß den Roquefortkäse hineinbröckeln.

Waldorfsalat

3 Äpfel, ½ Sellerieknolle, 1 EL Zitronensaft, ½ Tasse gehackte Walnüsse, ½ Tasse Trauben, 1 Orange, ⅛ l süße Sahne, Kräutersalz, 1 Messerspitze Zucker

Äpfel waschen, schälen und würfeln, Sellerie schälen und reiben. Beides mit Zitrone beträufeln. Trauben waschen, halbieren und die Kerne entfernen, Orange schälen und zerkleinern. Nüsse dazugeben und alles mit Kräutersalz abschmecken. Die Sahne schlagen, mit etwas Zucker süßen und unter den Salat ziehen.

Avocado Salat

2 Avocados, 1 Banane, 1 Orange, 2 Becher Joghurt, Salz, 1 Messerspitze Koriander, 1 Messerspitze Pfeffer, 4 EL Sonnenblumenkerne

Avocados schälen, Kern entfernen und das Fruchtfleisch in kleine Stükke schneiden, ebenso die Banane und Orange. Salz, Pfeffer, Koriander mit Joghurt verrühren und über die Früchte gießen. Sonnenblumenkerne in einer fettfreien Pfanne rösten und darüber streuen.

Pikanter Nudelsalat

250 g gekochte Nudeln nach Wahl, 2 gekochte Kartoffeln, ½ Tasse kleingeschnittene Schalotten, 2 Dillgurken, 150 g Gervaiskäse, 1 Becher Joghurt, 1 EL Kräuteressig, 2 EL Sonnenblumenöl, Salz, Pfeffer, Oregano, 3 EL gehackter Dill

Kartoffeln kleinschneiden und mit den Nudeln und den Schalotten vermengen. Die Gurken hacken und mit Gervais, Joghurt, Essig und Öl anrühren. Mit Salz, Pfeffer und Oregano abschmecken, alle Zutaten gut miteinander verrühren und den Dill darüberstreuen.

Rettichsalat mit süßer Sahne

2 frische Rettiche, 0,2 l süße Sahne, 2 EL Kräuteressig, 1 TL Salz

Rettiche waschen, schälen und fein reiben. Salz und Kräuteressig daruntermengen, etwas ziehen lassen. Sahne dazugießen, kühl stellen. Mit Pellkartoffeln ein Hochgenuß!

Melonen-Rettich-Salat

1 reife Honigmelone, 1 zarter Rettich, ⅛ l Sauerrahm, 1 EL Zitronensaft, 2 EL Sesamöl, 4 EL geröstete Sesamkerne, Salz

Melone schälen, Kerne entfernen und würfeln. Rettich raspeln oder in feine Scheiben schneiden. Mit Sauerrahm, Zitronensaft, Sesamöl und Salz eine pikante Sauce anrühren, über Melone und Rettich gießen und mit gerösteten Sesamkernen bestreuen.

Mandarinen-Kohl-Salat

½ Rotkohl, ½ Chinakohl, 1 Büchse Mandarinen oder 5 kernlose Mandarinen, ½ Tasse kleingeschnittene Schalotten, 4 EL Sonnenblumenöl, 2 EL Rotweinessig, 1 TL Senfsamen, Salz, Pfeffer, 1 Prise Zucker, 1 Handvoll geröstete Cashewnüsse

Rotkohl und Chinakohl in feine Streifen schneiden, Mandarinen abgießen und mit den Schalotten dazugeben. Salatsoße aus Essig, Öl und Senfsamen anrühren und mit Salz, Pfeffer und einer Prise Zucker abschmecken. Cashewnüsse in einer trockenen Pfanne rösten und darüberstreuen.

Grünkohl mit gerösteten Erdnüssen

1 Kohlkopf, 1 rote Paprikaschote, 4 EL Sonnenblumenöl, 2 EL Rotweinessig, Salz, Pfeffer, 1 Tasse Erdnußkerne

Kohl in feine Streifen schneiden, Paprika entkernen und würfeln. Salatmarinade anrühren, alle Zutaten gut miteinander vermengen. In einer trockenen Pfanne die Erdnußkerne rösten und über den Salat streuen.

Paprika-Mais-Salat

2 kleine Büchsen Gemüsemais, 2 rote Paprikaschoten, 150 g Edamerkäse, 2 EL Distelöl, 1 EL Kräuteressig, Pfeffer, Salz

Mais abtropfen lassen und mit kaltem Wasser überspülen. Paprika aufschneiden, Kerne entfernen, in dünne Streifen schneiden, Streifen halbieren. Käse würfeln. Mit Essig und Öl, Pfeffer und Salz die Salatsauce anrühren und mit den Zutaten gut verrühren.

Gemüsesalat mit Reis

200 g Reis, 2 Karotten, 1 Tasse gerschnittene Bohnen, 1 Tasse Erbsen, 100 g Spargelstücke (Dose), 1 kleine Dose Pfifferlinge, 2 EL Olivenöl, 1 EL Kräuteressig, 2 EL Pinienkerne, 2 EL gehackte Petersilie, 2 EL gehackter Schnittlauch, 1 TL Curry, Salz, Pfeffer

Reis gar kochen und abkühlen lassen. Karotten putzen, kleinschneiden, in etwas Salzwasser garen. Gegen Ende zuerst die Bohnen, dann die Erbsen zufügen, zusammen garen. Abkühlen lassen und mit dem Reis, den Pfifferlingen und dem Spargel mischen. Aus Öl, Essig, etwas Spargelwasser, Salz, Pfeffer und Curry eine Marinade anrühren, Schnittlauch und Petersilie daruntermischen und die Marinade über Reis und Gemüse gießen. Vor dem Servieren mindestens eine halbe Stunde lang kalt stellen. Pinienkerne in einer trockenen Pfanne rösten und vor dem Essen darüberstreuen.

Süßer Reissalat

300 g gekochten Reis, 1 Tasse Ananasstückchen, 1 Handvoll ungeschwefelte Rosinen, 1 Sellerieknolle, 1 kleine Büchse Mandarinen oder 1 Tasse frische Mandarinenscheiben, 1 Tasse gewaschene, halbierte und entkernte Trauben, ⅛ l Sauerrahm, ⅛ l Orangensaft, 1 TL Chutney, ½ TL Cardamom, ½ TL Anissamen, 1 EL Zitronensaft

Die angegebenen Zutaten mit dem Reis vermengen, Sellerie hineinraspeln. Aus Sauerrahm, Orangensaft, Chutney, Cardamom, Zitrone und Anis eine Sauce anrühren und über den Salat gießen, eventuell mit etwas Fruchtzucker süßen.

Hongkong-Salat

3 reife Avocadofrüchte, 1 Büchse Lychee, 2 EL Sonnenblumenöl, 1 TL Ingwer, 1 EL Erdnußbutter, 1 EL Rotweinessig, 1 TL Sojasauce, Salz und Pfeffer

Avocados schälen, halbieren, entkernen und würfeln. Lychees abtropfen lassen und halbieren. Etwas Saft aus der Büchse für die Sauce verwenden. Eine cremige Marinade aus den restlichen Zutaten anrühren und über die Avocadostückchen und die Lychees gießen.

Holländischer Spinatsalat

250 g Blattspinat, 50 g mit Paprika gefüllte Oliven, 100 g Champignons, 1 Kästchen Kresse, 150 g Gouda, 1 EL Zitronensaft, 1 zerdrückte Knoblauchzehe, 4 EL Distelöl, 1 Prise Zucker, Selleriesalz, Pfeffer

Spinat gründlich waschen und abtropfen lassen. Fingerbreit schneiden, dicke Stiele entfernen. Paprikaoliven und Champignons in Scheibchen schneiden, den Käse würfeln, die Kresse aus dem Kästchen schneiden und unter fließendem Wasser waschen. Zitronensaft, Öl, Knoblauch, Zucker, Salz und Pfeffer zu einem pikanten Dressing anrühren und über die Salatzutaten gießen.

Griechischer Bauernsalat

4 große Tomaten, 1 Endiviensalat, 1 Paprikaschote, 1 Gurke, 1 Tasse schwarze Oliven, 1 feingehackte Zwiebel, Saft einer Zitrone, 5 EL Olivenöl, 1 EL gehackte Petersilie, 1 EL gehacktes Basilikum, Salz, Pfeffer, 300 g Schafskäse

Tomaten waschen, in Würfel schneiden, Salat in Streifen schneiden, in Salzwasser waschen. Paprika waschen, entkernen, in feine Streifen schneiden, Gurke schälen, raspeln oder in Scheiben hobeln. Aus Öl, Zitronensaft, Pfeffer, Salz, Zwiebel und Kräutern eine feine Marinade anrühren und über den Salat gießen. Schafskäse in Bröckchen zerteilen und mit den Oliven unter den Salat mengen.

Pikanter Erdbeer-Käse-Salat

2 Kiwis, 500 g Erdbeeren, 250 g Goudakäse, 4 EL Distelöl, Saft einer halben Zitrone, 4 EL Pinienkerne, 1 TL Streuwürze, frischgemahlener Pfeffer

Die Kiwis schälen und ebenso wie die gewaschenen Erdbeeren in Scheiben schneiden. Käse in Würfel schneiden und mit dem Obst vermengen. Pinienkerne darüberstreuen und eine Salatsauce aus Streuwürze, Pfeffer, Zitronensaft und Distelöl anrühren. Alle Zutaten miteinander vermengen und kühl servieren.

Avocados mit Roquefortcreme

2 Avocados, 1 TL Zitronensaft, 100 g Roquefort, 1 TL Senf, 1/8 l Sahne, 50 g Quark, 4 mit Paprika gefüllte Oliven

Avocados halbieren, entkernen, mit etwas Zitronensaft beträufeln. Aus Roquefort, Quark, Senf, Zitronensaft und Sahne eine pikante Creme anrühren, eventuell mit Kräutersalz nachwürzen. Die Käsecreme in die Avocadohälften füllen, Oliven in Scheiben schneiden und damit dekorieren. Kühl servieren.

Suppen und Saucen

Suppen

Avocadosuppe mit Curry

2 große Avocados, 2 EL Zitronensaft, 3/4 l Gemüsebrühe, 1/8 l Sauerrahm, 1 TL Curry, Salz, weißer Pfeffer, 1 EL Butterschmalz, 4 EL kleingewürfeltes Sojazart

Avocados halbieren, Kern entfernen und das Fleisch mit Zitronensaft pürieren. In die heiße Gemüsebrühe einrühren, kurz aufkochen. Den Sauerrahm unterziehen und mit Curry, Salz und Pfeffer abschmecken. Im Butterschmalz kleingeschnittenes Sojazart knusprig rösten und über die Suppe streuen.

Grüne Pfeffersuppe

1 feingehackte Zwiebel, 4 Scheiben feingewürfelte Tartex-Frikadellen, 2 EL Butterschmalz, 1 l Gemüsebrühe, 2–3 ML Biobin, 2 EL Hefeflocken, 1 EL Weizenkleie, 1/8 l Sauerrahm, 4 EL grüne Pfefferkörner aus dem Glas

Zwiebel zusammen mit den Tartex-Frikadellen im heißen Fett dünsten und mit der Gemüsebrühe löschen. Biobin einrühren und kurz aufkochen lassen. Pfefferkörner bis auf wenige Exemplare in einem Mörser zerdrücken und in die Suppe geben. Anschließend nacheinander Weizenkleie, Hefeflocken und Sauerrahm darunterrühren. Nicht mehr kochen. Zum Servieren mit den restlichen ganzen Pfefferkörnern bestreuen und Pumpernickel dazu reichen.

Blitz-Suppe

2 gekochte rote Bete, 1 l Gemüsebrühe, 1/2 Paket fertige Kartoffelflocken, 2 EL Essig, 2 EL Weizenkleie, 1/8 l süße Sahne oder Sauerrahm oder Joghurt, 2 EL gehackte Kräuter

Die gekochten roten Rüben schälen, dann Gemüsebrühe zum Kochen bringen, Kartoffelflocken einrühren, die roten Bete hineinraspeln, Essig, Weizenkleie, Kräuter und Sahne darunterrühren. Schmeckt köstlich, ist nahrhaft und geht wirklich blitzschnell – vorausgesetzt, Sie haben irgendwann vorher schon mal die roten Rüben gekocht. Übrigens, mein Rekord bei dieser Suppe liegt bei 5½ Minuten! Wie schnell schaffen Sie es?

Rahmsuppe mit frischen Kräutern

1 l Gemüsebrühe, 1 Karotte, 3–4 ML Biobin,
⅛ l–¼ l süße Sahne, je 1 Bund gehackte Petersilie, Dill und Schnittlauch,
Knoblauchsalz und Pfeffer zum Würzen, 2 EL Bierhefeflocken,
2 EL Weizenkleie

Karotte schälen und in die heiße Gemüsebrühe raspeln, Biobin mit etwas kaltem Wasser anrühren und in die kochende Suppe laufen lassen. Einige Minuten kochen lassen und dann Hefeflocken, Weizenkleie, Kräuter, Gewürze und Sahne darunterrühren.

Gurkensuppe mit Dill

1 große Salatgurke, 1 kleine gehackte Zwiebel, 3 EL Sonnenblumenöl,
3 zerdrückte Knoblauchzehen, ⅛ l Weißwein, je 1 Prise Zucker, Pfeffer und
Koriander, ½ TL Ingwerpulver, 1 TL Salz, 1 EL Kräuteressig, ¼ l Sahne,
1 Bund Dill

Gurke schälen, entkernen und würfeln. Dann Zwiebel in heißem Öl glasig dünsten, und die Gurkenwürfel mit dem Knoblauch dazugeben. Mit Weißwein aufgießen und solange köcheln lassen, bis die Gurkenstückchen weich sind. Abkühlen lassen und im Mixer pürieren. Gewürze, Essig und Sahne unterrühren und nicht mehr kochen lassen. Dill feinhacken und vor dem Servieren darüberstreuen. Kann heiß oder kalt gegessen werden.

Italienische Reissuppe

1 Tasse Reis, 2 zerdrückte Knoblauchzehen, 1 Messerspitze Ingwer, 1 l Gemüsebrühe, 1 Tasse Erbsen, 2 Stangen Sellerie, 1 Karotte, 2 EL gehackte Kräuter, 1 Messerspitze Muskat, 4 gehäufte EL Parmesankäse

Reis mit Knoblauch und Ingwerpulver in der Gemüsebrühe 15 Minuten kochen lassen, dann Erbsen, kleingeschnittenen Sellerie und geraspelte Karotte dazugeben, weitere 15–20 Minuten kochen lassen. Eventuell noch einmal nachwürzen, Kräuter und Muskat unterrühren und mit viel Parmesankäse und Vollkornbrot servieren.

Blumenkohlsuppe mit Schnittlauch und Parmesan

1 Blumenkohl, 3 Zwiebeln, 2 EL Butterschmalz, 3 EL Vollkornmehl, ½ l Milch, ½ l Gemüsebrühe, 1 Messerspitze weißer Pfeffer, Salz, Muskat, je 4 EL Schnittlauch und Parmesankäse, 1 EL Kräuteressig

Blumenkohl putzen, waschen, in Röschen zerteilen und ca. 15–20 Minuten in Salzwasser kochen. Zwiebeln feinhacken, im heißen Butterschmalz goldgelb rösten, das Vollkornmehl darüberstäuben und mit der Milch löschen. Gut umrühren, damit sich keine Klumpen bilden. Gekochten Blumenkohl mit der Gabel zerdrücken, dazugeben und mit der Brühe zusammen verrühren. Nochmal kurz aufkochen, mit Pfeffer, Salz und Muskat abschmecken und den Kräuteressig verrühren. Vor dem Servieren mit Schnittlauch und Parmesankäse bestreuen.

Vichysoise

4 Porreestangen, 4 große Kartoffeln, 2 EL Butter, 1 l Gemüsebrühe, ¼ l süße Sahne, Salz, Pfeffer, 4 EL Schnittlauch

Den Porree gründlich waschen, grüne Teile entfernen, fein schneiden. In der Butter 5 Minuten dünsten, mit Brühe auffüllen. Kartoffeln waschen, schälen und kleingeschnitten dazugeben. Ca. 20 Minuten kochen, anschließend im Mixer die Suppe pürieren. Falls nötig nachwürzen, dann die Sahne einrühren. Vor dem Servieren mit Schnittlauch bestreuen. Obwohl die Franzosen ihre Vichysoise heiß essen, wird sie fast überall auf der Welt kalt serviert.

Buttermilchsuppe

3 Eigelb, 3 EL Fruchtzucker, 1 TL Vanillinzucker, 1 TL geriebene Zitronenschale, 1 TL Zitronensaft, ½ l Buttermilch, ⅛ l süße Sahne, 3 EL Sesamkerne

Eigelb mit dem Zucker verquirlen, Vanillin, Zitronensaft und geriebene Schale dazugeben und die Buttermilch langsam einrühren. Die Sahne schlagen und die Suppe damit krönen. Sesamkerne in einer trockenen Pfanne rösten und darüberstreuen. Dieses süße Sommersüppchen mögen nicht nur Kinder gern!

Kopenhagener Obstsuppe

2 Äpfel, 3 Pfirsiche, 3 Aprikosen, 10 eingeweichte Backpflaumen, 1 Zitrone, je 1 Handvoll Kirschen, Erdbeeren, Pflaumen, Johannisbeeren (Obst je nach Erntezeit), 2 EL ungeschwefelte Rosinen, ½ Tasse Fruchtzucker, 3–4 Nelken, 1 Vanillestange, 1 Messerspitze Cardamom, 1 Messerspitze Agar-Agar oder 2 ML Biobin, ¾ l Wasser, 4 EL Mandelblättchen

Äpfel schälen und ohne Kerngehäuse kleinschneiden. Dann das übrige Obst gegebenenfalls schälen, entsteinen und zerkleinern. Nun Agar-Agar oder Biobin ins kalte Wasser rühren, Zitronensaft, Vanille, Cardamom und Nelken dazugeben, ungespritzte Zitronenschale hineinreiben. Dann die Äpfel beifügen und ein paar Minuten kochen lassen, regelmäßig umrühren. Sobald die Äpfel weich sind, das übrige Obst dazugeben, kurz aufkochen, unter ständigem Rühren Zucker beifügen. Anschließend durch ein Sieb gießen und abkühlen lassen. Vor dem Servieren mit gerösteten Mandelblättchen bestreuen.

Joghurtsuppe

1 Zwiebel, 1/4 Gurke, 1 Karotte, 1 Stangensellerie, 1 rote Paprikaschote, 4 Becher Joghurt, Kräutersalz, geriebene Zitronenschale, 1 Tasse gehackte Brunnenkresse, reichlich Dill und geröstete Brotwürfel zum Garnieren, eventuell Buttermilch zum Auffüllen

Zwiebel ganz klein hacken, Karotte und Gurke raspeln. Paprika waschen, entkernen und ebenso wie Sellerie in feine Streifchen schneiden. Joghurt mit Kräutersalz, Zitronenschale und Brunnenkresse verrühren und gut mit dem Gemüse vermengen. Mit Buttermilch auffüllen und mit gehacktem Dill und gerösteten Brotwürfeln servieren.

Kiwisuppe

4 Kiwis, 3/8 l Apfelsaft, 30 g Fruchtzucker, 1/2 Vanilleschote, 2 Messerspitzen Agar-Agar, 3/8 l Weißwein, 3 Eigelb, 1/8 l süße Sahne

Zuerst Kiwis schälen und in dünne Scheiben schneiden. Apfelsaft mit Zucker zum Kochen bringen, Vanilleschote aufschneiden und auskratzen. Agar-Agar in einem Teil Wein anrühren und in die kochende Flüssigkeit gießen. Nochmals zusammen kurz aufkochen lassen. Eigelb mit Sahne vermischen, Kiwis daruntermengen, nicht mehr kochen lassen.

Französische Zwiebelsuppe

4–6 große Zwiebeln, 4 EL Butterschmalz, 1 l Gemüsebrühe, Salz, Pfeffer, Sojasauce, beliebig viele geröstete Weißbrotscheiben, 100 g geriebener Gruyèrekäse

Zwiebeln in dünne Scheiben schneiden und im Butterschmalz 15–20 Minuten dünsten. Mit der Gemüsebrühe auffüllen, mit Salz, Pfeffer und Sojasauce abschmecken und noch einmal 15 Minuten kochen lassen. In feuerfeste Suppentassen füllen, geröstete Weißbrotscheiben darauflegen, mit Gruyère bestreuen und überbacken.

Erdnußsuppe

1 gehackte Zwiebel, 1 EL Butterschmalz, 2 Zucchini, 4 Tomaten, ½ Pfund Spinat, 1 l Gemüsebrühe, 1 Tasse Erdnußbutter, ½ TL Koriander, Salz, Pfeffer

Die Zwiebel im Fett glasig dünsten. In der Zwischenzeit Zucchini waschen und kleinschneiden, Tomaten enthäuten und alles mit dem Spinat zu den Zwiebeln geben. Mit ¾ l Brühe auffüllen. 10–15 Minuten köcheln lassen. Im Mixer zerkleinern oder durch ein Sieb rühren, dann würzen. Die Erdnußbutter mit dem Rest der Brühe anrühren und zur Suppe geben. Mit Reis oder Nudeln servieren.

Linsensuppe

1 Tasse Linsen, 1 l Wasser, 1 Zwiebel, 1 EL Butterschmalz, 2 Stangen Sellerie, 1 Karotte, 1 TL Salz, 1 TL Koriander, 1 TL Kurkuma, 4 Nelken, 1 Lorbeerblatt, 1 Messerspitze Rosmarin, 2 EL Sauerrahm

Linsen am Abend vorher einweichen. Zwiebel schneiden und in Butterschmalz goldgelb dünsten. Linsen dazugeben und mit Wasser auffüllen. Gewürze hineinrühren und leise kochen lassen. Sellerie und Karotte kleinschneiden und nach fünf Minuten dazugeben. 20–30 Minuten kochen lassen, eventuell nachwürzen und den Sauerrahm darunterziehen.

Grüne Suppe

250 g Spinat, 2 Kästchen Kresse, 1 Zwiebel, 1 EL Butterschmalz, 100 g Gervais, ½ l Gemüsebrühe, Salz, Pfeffer, 2 EL Hefeflocken

Zwiebel hacken und im heißen Fett glasig dünsten. Den gewaschenen oder tiefgekühlten Spinat dazugeben, die Kresse ebenfalls und alles kurz dünsten. Mit der Gemüsebrühe auffüllen und 10 Minuten kochen lassen. Die Suppe pürieren und den Gervaiskäse hineinrühren. Nicht mehr kochen. Eventuell nachwürzen und mit Hefeflocken bestreut servieren.

Schlesische Kartoffelsuppe

5 große Kartoffeln, ½ Sellerie, 2 Karotten, 1 Porreestange, 1 l Gemüsebrühe, 2 Zwiebeln, Salz, Pfeffer, Majoran, 2 EL gehackte Petersilie, 4 EL Sauerrahm, 1 Tasse geröstete Brotwürfel, 2 EL Butter

Kartoffeln und Gemüse putzen, kleinschneiden und in der Brühe 20 Minuten kochen. Anschließend pürieren. Zwiebeln schälen, feinhacken und in der Butter goldgelb dünsten. Suppe mit Gewürzen abschmecken, Sauerrahm und Zwiebeln einrühren und vor dem Servieren mit Petersilie und gehackten Brotwürfeln bestreuen.

Borscht

½ Kohlkopf, 3 rote Bete, 1 Karotte, 3 Kartoffeln, 2 Zwiebeln, 2 EL Butterschmalz, 1 l Wasser, 1 TL Salz, 2 zerdrückte Knoblauchzehen, 2 Lorbeerblätter, 8 Pfefferkörner, 1 Zitrone, 1 TL Honig, 1 TL Kümmel, 4 Nelken, ¼ l Sauerrahm, 3 EL gehackter Dill

Den Weißkohl waschen und in feine Streifen schneiden. Rote Bete, Kartoffeln und Karotte waschen, putzen und raspeln oder in kleine Würfel schneiden. Die Zwiebeln hacken und im Fett goldgelb dünsten. Das Gemüse dazugeben und mit Wasser aufgießen. Knoblauch und alle Gewürze hinzufügen und 30–45 Minuten köcheln lassen. Mit Honig und Zitronensaft abschmecken, Lorbeerblätter entfernen und den Sauerrahm darunterziehen. Vor dem Servieren mit Dill bestreuen.

Currycremesuppe

1 Zwiebel, 3 EL Butterschmalz, 4 EL Weizenvollkornmehl, ½ l Gemüsebrühe, ½ l Milch, ½ getrocknete Pfefferschote, 2 zerdrückte Knoblauchzehen, Kräutersalz, 1 TL Koriander, 1 TL Curry, 4 EL Sesamkerne, ⅛ l Sahne

Zuerst die Zwiebel schälen, hacken und im Fett glasig dünsten, das Mehl kurz mit erhitzen und dann die Brühe unter ständigem Rühren dazugeben. Anschließend mit Milch aufgießen, die kleingeschnittene Pfefferschote sowie die übrigen Gewürze darunterrühren und einige Minuten bei kleiner Hitze kochen lassen. Sesamkerne in einer trockenen Pfanne rösten. Vor dem Servieren die Sahne darunterziehen und mit den Sesamkernen bestreuen.

Indische Gemüsesuppe

½ Tasse Linsen, 1 Zwiebel, 1 EL Butterschmalz, 4 Karotten, 3 Kartoffeln, ½ rote Bete, ¼ Sellerie, 1 Porreestange, 1 l Wasser, 1 TL Salz, 1 TL Koriander, 1 TL Curry, 4 Lorbeerblätter, 4 Nelken, 8 schwarze Pfefferkörner, 2 zerdrückte Knoblauchzehen

Linsen am Abend vorher in reichlich Wasser einweichen! Zwiebel schälen, hacken und in Butterschmalz glasig dünsten. Gemüse waschen, putzen und zusammen mit den Linsen zu den Zwiebeln geben. Mit Wasser auffüllen und die Gewürze darunterrühren. 20–30 Minuten köcheln lassen und vor dem Servieren die Lorbeerblätter entfernen.

Kartoffel-Brunnenkresse-Suppe

6 große Kartoffeln, 1 rote Paprikaschote, 1 Zwiebel, 1 EL Butterschmalz, 1 l Gemüsebrühe, 1 großes Büschel frische Brunnenkresse, Salz, Pfeffer, 1 Becher Joghurt

Kartoffeln waschen, schälen, grob raspeln, Paprika waschen, entkernen und kleinschneiden. Die Zwiebel schälen, hacken und im Butterschmalz dünsten. Paprika und Kartoffeln der Zwiebel beifügen und alles mit der Gemüsebrühe auffüllen. 15 Minuten kochen lassen. Dann die gewaschene Brunnenkresse dazugeben und 5 Minuten mitkochen lassen. Am Schluß das Joghurt darunterrühren und abschmecken. Die Kresse kann gehackt werden oder mit den ganzen Blättchen in die Suppe getan werden. Dazu schmecken Käsecroutons.

Rosenkohlsuppe mit Curry

500 g Rosenkohl, 2 EL Butterschmalz, 1 l Gemüsebrühe, ⅛ l süße Sahne, Salz, Curry nach Belieben

Rosenkohl gut geputzt und gewaschen in heißem Fett andünsten. Mit der Gemüsebrühe aufgießen und garen. Anschließend 1 Tasse Rosenkohl beiseitestellen, den Rest im Mixer pürieren. Nochmals erhitzen, Sahne einrühren, mit Curry und Salz abschmecken und zum Schluß die ganzen Röschen dazugeben.

Karottensuppe

½ kg Karotten, 1 Fenchelknolle, 2 Kartoffeln, ¾ l gekörnte Brühe, 2 EL gehackte Petersilie, Kräutersalz, 2 EL saure Sahne

Karotten, Fenchel, Kartoffeln waschen, schälen und in etwas Salzwasser garen. Anschließend im Mixer zerkleinern und im Topf mit der Brühe auffüllen. Kurz aufkochen und mit Petersilie, saurer Sahne und Kräutersalz abschmecken.

Schweizer Käsesuppe

200 g Emmentaler, 40 g Butter, 40 g Vollkorn-Mehl, 1 l Gemüsebrühe, 1 Messerspitze geriebene Muskatnuß, 1 große Zwiebel, 3 Scheiben Sojazart, 1 EL gehackte Petersilie

Zuerst aus Butter und Mehl eine helle Einbrenne herstellen und mit der Gemüsebrühe aufgießen. Käse hineinreiben, mit Muskatnuß abschmecken und 10 Minuten ziehen lassen (nicht kochen), dabei öfter umrühren. Die Zwiebel und das Sojazart würfeln und in etwas Fett goldgelb anbraten. Anschließend zusammen mit der Petersilie über die Suppe streuen.

Minestrone

200 g Karotten, 200 g Sellerie, 2 große Tomaten, 1 Stange Lauch, 200 g Wirsing, 1 Tasse grüne Bohnen und Erbsen, 2 Kartoffeln, 2 Zwiebeln, 2 EL Butterschmalz, 1 l gekörnte Brühe, 1 zerdrückte Knoblauchzehe, 2 El gehackte Petersilie, Basilikum, Kerbel, Oregano und Pfeffer zum Abschmecken, 4 EL Parmesankäse

Das Gemüse waschen und kleinschneiden, Tomaten vorher häuten. Dann die Zwiebeln hacken und glasig dünsten und die verschiedenen Gemüse dazugeben. Mit der Brühe aufgießen und ca. 20 Minuten leise kochen lassen. Mit den restlichen Gewürzen, Kräutern und der zerdrückten Knoblauchzehe würzen und mit Parmesankäse servieren.

Gazpacho

4 große Tomaten, 1 Zwiebel, 1 Gurke, 2 Tassen Tomaten- oder Gemüsesaft, 2 zerdrückte Knoblauchzehen, 2 EL Olivenöl, 3 Becher Joghurt, 2 EL Essig, 3 EL gehackte Kräuter, Kräutersalz, Tabascosauce, Pfeffer

Tomaten häuten und würfeln. Zwiebel, Gurke schälen und raspeln oder fein würfeln und mit Tomatensaft aufgießen. Essig und Öl dazugeben und mit den Gewürzen abschmecken. Joghurt darunterrühren und anschließend einige Stunden kalt stellen, damit sich das Aroma dieser typisch spanischen Sommersuppe voll entfalten kann.

Saucen

Sauce Vinaigrette

3 EL Kräuteressig, 6 EL Olivenöl, ½ TL oder mehr Salz, ½ TL Paprika, 1 Messerspitze frischgemahlener schwarzer Pfeffer, 2 EL gehackte, gemischte Kräuter, 1 EL feingehackte Oliven, ½ gehackte oder geriebene Zwiebel, 1 TL Senf

Essig, Öl, Salz und Senf verrühren und Gewürze, Kräuter, Zwiebeln und Oliven untermengen. Klassische Sauce zu Spargel, Artischocken und Avocados.

Sauce Béarnaise

3 EL gehackter Estragon, 2 EL Schnittlauch, 2 EL gehackte Gemüsezwiebeln, 3 EL Essig, etwas Wein, 4 Eigelb, 250 g Butter, 1 TL Zitronensaft, Salz nach Belieben, 1 Messerspitze frischgemahlener schwarzer Pfeffer

Die gehackten Kräuter und Zwiebeln mit Essig und Wein zusammen ca. 15 Minuten köcheln lassen. Keinen Deckel auf den Topf legen, damit ein Teil der Flüssigkeit verdampfen kann. Die Sauce abkühlen lassen und anschließend das schaumig geschlagene Eigelb daruntterrühren. Den Topf in ein Warmwasserbad stellen und nacheinander kleine Butterstückchen einrühren, bis die Sauce eine cremige Konsistenz hat. Abschließend mit Zitronensaft, Pfeffer und Salz pikant abschmecken.

Frühlingscreme

200 g Gervais, 1 Becher Joghurt, ⅛ l Tomatensaft, ½ TL weißer Pfeffer, 1 EL gehackte Kapern, 1 TL Kräutersalz, je 1 EL gehackter Dill, Petersilie, Kerbel und Schnittlauch

Gervaiskäse, Joghurt und Tomatensaft cremig rühren und mit Salz und Pfeffer abschmecken. Anschließend die gehackten Kapern und Kräuter darunterrühren und die Creme kühl stellen. Paßt zu Pellkartoffeln, Reisbrot, Gemüsebrot, Soja- oder Knofel-Burger.

Mango-Chutney

4 Mangos, 1 l Essig, 500 g Rohrzucker, 250 g ungeschwefelte Rosinen, 2 TL Ingwerpulver, 2 TL Salz, 2 gehackte große Zwiebeln, 4 EL Sonnenblumenöl, 1 TL Koriander, 1 TL Senfsamen

Mangos schälen, Kern herausnehmen und Fruchtfleisch in kleine Stükke schneiden. Zusammen mit dem Essig in einen großen Topf geben und kochen lassen. Rosinen, Zucker, Gewürze und Senfsamen beifügen und umrühren. In einer separaten Pfanne die gehackten Zwiebeln im heißen Öl goldgelb dünsten und dann erst dazugeben. 30 Minuten oder auch länger unter häufigem Umrühren kochen lassen. Die Sauce sollte nicht zu dick werden und süßsauer schmecken.

Curry-Chutney

2 gehackte Zwiebeln, 2 EL Butterschmalz, 2 Stangen Sellerie, 2 Karotten, 1 Apfel, 2 EL Zitronensaft, 1 TL Nelken, 2 EL Currypulver, 1 TL Salz, 2 zerdrückte Knoblauchzehen, 1 TL Kurkuma, 1 TL Koriander

Zwiebeln im Butterschmalz glasig dünsten, dann das gewaschene und in kleine Stücke geschnittene Gemüse sowie den entkernten und geschälten Apfel zugeben. Sobald alles weich ist, mit der Gabel das Gemüse und den Apfel zu Brei zerdrücken, Nelken im Mörser zu Pulver zerstampfen und zusammen mit Currypulver, Zitronensaft und den übrigen Gewürzen unterrühren. Falls die Paste zu dick ist, mit etwas Wasser verdünnen. Paßt zu Reis und Gemüsegerichten.

Süßsaure Hongkong-Sauce

6 Aprikosen, 10 Pflaumen, 4 Scheiben Ananas, 1 Apfel, 1 Pfirsich, 250 g Rohrzucker, ½ l Weinessig, 1 EL Nelken

Aprikosen, Pflaumen und Pfirsich waschen, schälen und Kerne entfernen. Apfel ebenfalls schälen und entkernen. Alle Obstsorten zerkleinern und im Mixer pürieren. Essig und Zucker beifügen und in einem Topf mindestens 1 Stunde köcheln lassen. Nelken in einem Mörser zu Pulver zerstampfen und ebenfalls darunterrühren. Wenn Sie diese Sauce in einen luftdichten Behälter abfüllen und kühl stellen, bleibt sie monatelang, wie alle Chutneys, frisch.

Bananensauce

1 feingehackte Zwiebel, 1 Tasse grüne Paprikawürfel, 3 EL Olivenöl, 1 TL Currypulver, 1 TL Salz, 1 TL Ingwerpulver, 1 EL Erdnußbutter, 2 EL Kräuteressig, 1 Prise Zucker, 2 Bananen, ⅛ l Sahne

Zwiebel und Paprika in heißem Öl anbraten. Erdnußbutter unterrühren und mit Salz, Essig, Ingwer, Curry und einer Prise Zucker abschmecken. Bananen in Scheiben schneiden und auf einem extra Teller mit der Gabel zu Brei drücken. Den Brei in die Sauce rühren, kurz aufkochen lassen und anschließend die Sahne einrühren. Falls die Sauce zu dick ist, mit etwas Wasser oder Gemüsebrühe strecken.

Brotaufstrich für Butterfans

125 g Butter, Saft einer halben Zitrone, 1 TL Streuwürze, 2–3 zerdrückte Knoblauchzehen, 2 EL geriebener Käse, 1 EL gehackte Petersilie, Sojasauce nach Belieben, eventuell etwas Senf

In die Butter Zitronensaft, Streuwürze, Knoblauch und Käse einrühren, Petersilie zugeben und mit Salz, Soja und etwas Senf abschmecken. Diese Butter in eine Glas- oder Holzschüssel füllen und kalt stellen.

Dillsauce mit Weißwein

3 EL Vollkornmehl, 2 EL Butter, 1/4 l Weißwein, 1/4 l süße Sahne, 1/2 TL Salz, 1 Messerspitze weißer Pfeffer, 2 Bund feingehackter Dill

Vollkornmehl in heißer Butter verrühren, mit Weißwein löschen und die Sahne zugeben. Mit Salz und Pfeffer abschmecken und den Dill in die Sauce rühren. Einige Minuten ziehen lassen, damit sich das Aroma voll entwickeln kann.

Béchamelsauce

3 EL Vollkornmehl, 2 EL Butter, 3 Tassen Milch, Salz, Muskatnuß, Pfeffer, 1 TL Zitronensaft oder Essig

Das Mehl ein paar Minuten im heißen Fett erhitzen und mit der Milch löschen. Unter ständigem Umrühren aufkochen lassen, nach einigen Minuten vom Feuer nehmen, etwas abkühlen lassen und mit den übrigen Zutaten würzen. Paßt zu Aufläufen, Gemüsen und Teigwaren. Man kann Béchamelsaucen fast unendlich variieren. Je nach Geschmack mal mit Käse oder Curry, mit Dill oder Meerrettich, mit Senf oder Chutney. Oder wie wär's mit Pilzen, Knoblauch oder verschiedenen Kräutern?

Sauce Hollondaise

4 Eigelb, 125 g Butter, 1 EL Zitronensaft, 1 Prise weißer Pfeffer, Salz, 1 EL kaltes Wasser

Dazu benötigen Sie einen großen und einen kleinen Topf. Den großen Topf füllen Sie zur Hälfte mit kochend heißem Wasser, den kleineren stellen oder hängen sie hinein. Vorsicht, das Wasser darf nicht kochen. Nun geben Sie unter ständigem Schlagen nach und nach alle Zutaten in den kleineren Topf und schlagen so lange, bis eine feine Sauce entstanden ist. Paßt nicht nur zu Blumenkohl und Spargel, sondern auch zu anderen Gemüsen wie Schwarzwurzeln, Brokkoli oder Bohnen.

Thousand Island Dressing

3 EL Sonnenblumenöl, 2 EL Essig, 2 EL Mayonnaise, ¼ l Sauerrahm, 1 EL gehackte Zwiebel, 1 gehackte saure Gewürzgurke, 1 EL gehackte Petersilie, 1 EL Dill, 1 EL Schnittlauch, 6 entkernte gehackte Oliven, ¼ rote Paprikaschote gewürfelt, Salz, etwas Wasser

Alle Zutaten miteinander vermengen und mit den Gewürzen abschmecken. Zu allen Arten von Salaten.

Kräutercreme mit Kefir

2 Becher Kefir, 2 Packungen Tiefkühlkräuter oder je 1 EL gehackte Petersilie, Schnittlauch, Dill, Kerbel, Kresse, Borretsch, ½ TL Senf, ½ TL Zitronensaft, 4 EL Distelöl, 1 EL Kapern, Salz, 2 EL geröstete Sonnenblumenkerne

Kefir mit Öl und Kräutern gut verrühren und mit Senf, Zitronensaft, Kapern und Salz pikant abschmecken. In einer trockenen Pfanne die Sonnenblumenkerne goldgelb rösten und unter die Creme mengen.

Avocado-Sauce

2 weiche Avocados, 1 großer Becher Buttermilch, Saft einer halben Zitrone, ½ TL Kräutersalz, 3 zerdrückte Knoblauchzehen, ½ TL Estragon, ½ TL Oregano, 2 EL Olivenöl, ½ Tasse gehackte Walnüsse

Avocados schälen und Kerne entfernen. Avocados im Mixer mit Buttermilch. Zitronensaft und Öl zu einer Creme mixen und anschließend die Gewürze, Nüsse und Knoblauch darunterrühren.

Paprikacreme

250 g Magerquark, 1 Becher Joghurt, ⅛ l süße Sahne, 3 TL Rosenpaprika, je eine halbe kleingewürfelte rote, gelbe und grüne Paprikaschote, 1 EL Sojasauce, 1 Messerspitze Pfeffer, Salz, 2 EL Olivenöl

Den Quark mit Joghurt, Öl und Sahne cremig rühren, die kleingeschnittenen Paprikaschoten dazugeben und mit allen Gewürzen kräftig abschmecken.

Heißer Dip aus Spanien

1 Chillischote getrocknet oder frisch, 8–10 schwarze Oliven, ½ rote Paprikaschote, 2 EL Mayonnaise, ¼ l Sauerrahm, 1 Becher Joghurt, Salz, frischgemahlener Pfeffer, Worcestersauce, 2 EL kleingeschnittene Basilikumblätter

Die Chillischote so klein wie möglich hacken oder schneiden, Paprikaschote entkernen und ebenfalls kleinwürfeln. Aus Sauerrahm, Joghurt und Mayonnaise eine Sauce anrühren und darübergießen. Mit Kräutern und Gewürzen kräftig abschmecken und zum Schluß die entkernten und kleingeschnittenen Oliven daruntermengen.

Gorgonzola-Dip

200 g Gorgonzola, 50 g Butter, 1 Becher Hüttenkäse, Kräutersalz, 1 TL Worcestersauce, 1 TL Zitronensaft, 3 EL Sauerrahm oder Joghurt

Die weiche Butter mit dem Gorgonzola und dem Hüttenkäse vermengen und pikant mit Kräutersalz, Worcestersauce und Zitronensaft abschmecken. Mit etwas Sauerrahm oder Joghurt geschmeidiger rühren. Schmeckt köstlich zu Pommes frites, Rösti oder Bratkartoffeln!

Danis Mexikanischer Avocado-Dip

2 weiche Avocados, 1 EL Zitronensaft, 1 kleine gehackte Zwiebel, 2 EL Olivenöl, 1 TL kleingehackte Chillischote, Salz

Avocados schälen, entkernen und mit der Gabel zu Brei zerdrücken, Zitrone, Zwiebel, Olivenöl und Chilli unterrühren und mit Salz abschmekken. Vor dem Servieren mindestens 30 Minuten kalt stellen.

Meine Tochter Daniela liebt Avocados. Eines Tages kam sie auf die Idee, weiche Avocados mal zur Abwechslung mit viel zerdrücktem Knoblauch, Zitronensaft, Streuwürze und etwas Öl zu verrühren und mir das ganze als Brotaufstrich zu servieren. Der Erfolg war umwerfend. Beim Kaufmann durfte ich trotz zahlreicher Kunden als erste an die Kasse, der Briefträger verlangte kategorisch nach einer Wäscheklammer für seine Nase, als ich einen Einschreibbrief quittieren sollte, und mein Hund zog jedesmal stöhnend den Schwanz ein, wenn ich ihn streicheln wollte. Außerdem hatte ich am nächten Tag 2 Pfund zugenommen. Seitdem essen wir solche Brote nur noch selten, und wenn, dann nur am Wochenende!

Erdnuß-Dip

2 EL Erdnußbutter, 3 EL geriebener Cheddarkäse, 2 Becher Joghurt, 1 Prise frischgemahlener schwarzer Pfeffer, 2 zerdrückte Knoblauchzehen, 1 TL Curry, Salz, 1 TL Zitronensaft, 2 EL gehackte Erdnüsse

Erdnußbutter, Joghurt und geriebenen Käse zu einer cremigen Masse verrühren und mit Knoblauch und den übrigen Gewürzen abschmekken. Eventuell mit etwas Wasser oder Zitronensaft verdünnen. Gehackte Erdnüsse daruntermischen.

Salsa verde

4–6 zerdrückte Knoblauchzehen, 6 EL Olivenöl, 4 EL Weißwein, ⅛ l Sahne, 1 Mozarella Käse, 3 EL geriebener Parmesankäse, 1–2 EL Kräuteressig, 3 kleingehackte harte Eier, 3 EL gehackte Petersilie, je 3 EL gehackter Spinat und frisches Basilikum, ½ TL Oregano, Salz und Pfeffer nach Belieben.

Den Knoblauch im heißen Olivenöl kurz anbraten und dann mit Weißwein löschen. Alle anderen Zutaten darunterrühren, aber nicht mehr kochen. Mozarella so klein wie möglich würfeln und am Schluß mit den Kräutern unter die Sauce mischen.

Süßsaure Currysauce mit Weißwein

2 Äpfel, 2 kleingehackte Zwiebeln, ¼ l Buttermilch, ⅛ l trockener Weißwein, 1 EL Fruchtzucker, 3 EL Currypulver, 1 EL Koriander, ½ TL Kräutersalz, 3 EL Sonnenblumenöl, 2 Eigelb, ⅛ l Sahne, 1 EL Kräuteressig, 2 EL kleingeschnittener Schnittlauch

Die Äpfel waschen, schälen, raspeln und mit den Zwiebeln, Buttermilch, Weißwein, Curry, Salz und Zucker ca. 20 Minuten bei kleiner Hitze zugedeckt leise kochen lassen. Nach dem Abkühlen Eigelb, Öl, Sahne und Essig unterrühren und mit Schnittlauch garnieren.

Joghurtsauce

3 Becher Joghurt, 1 EL Honig, 1 EL Mandelmus, 1 EL Zitronensaft, etwas süße Sahne, Streuwürze nach Belieben

Joghurt mit Honig und Mandelmus glattrühren, mit Streuwürze und Zitronensaft abschmecken und zum Schluß mit etwas Sahne verfeinern. Paßt zu Karottensalat, rote Bete – und Kohlrabirohkost

Tzatziki made in Germany

500 g Quark, ¼ l Sauerrahm, ¼ l Buttermilch, 1 Salatgurke, 3 Zwiebeln, 1 grüne Paprikaschote, 6 zerdrückte Knoblauchzehen, 3 EL gehackter Dill, 3 EL Olivenöl, Kräutersalz, Pfeffer, 1 Tasse gewürfelter Gouda oder Emmentalerkäse, Dillsträußchen zum Garnieren

Quark mit Sauerrahm und Buttermilch glattrühren, kalt stellen. Gurke schälen, raspeln. Zwiebeln fein hacken, Paprika entkernen und ebenfalls fein würfeln. Alle Zutaten mit der Sauce vermengen, kräftig abschmekken und zum Schluß den Käse darunterrühren und mit ein paar einzelnen Dillsträußchen verzieren. Mit Pellkartoffeln nicht nur im Sommer ein Hochgenuß.

Französische Käsecreme

2 Tomaten, 4 EL gehackte Kräuter, 2 zerdrückte Knoblauchzehen, Salz, Pfeffer, 200 g Gervais, 100 g geriebener Appenzeller, 2 kleine Gewürzgurken, 1 Becher Joghurt, 2 EL Sahne

Tomaten häuten, im Mixer pürieren und mit den Kräutern und Gewürzen vermengen. Gervais mit der Gabel zerdrücken und zusammen mit dem Joghurt und der Sahne cremig rühren. Das Tomatenmix darunterziehen und nochmals abschmecken. Paßt gut zu gebackenen Kartoffeln.

Mango-Honig-Sauce

½ Honigmelone, Saft einer Orange, 1 EL Haselnußmus, 5 EL Mangovollfrucht (aus dem Reformhaus), 1 EL Honig, 1 Messerspitze Ingwer, 1 Prise Salz, 1 Prise frischgemahlener Pfeffer

Melonenhälfte schälen, entkernen und im Mixer zerkleinern. Orangensaft, Nußmus, Mangosaft und Honig dazugeben und mit den Gewürzen abschmecken. Schmeckt gut mit geraspeltem Kohlrabi-, Sellerie- oder Krautsalat.

Il Pesto

(eine italienische Paste, die es in sich hat)

Meine Freundin Eva brachte mir eines Tages aus Italien einige Gläschen Pesto mit sowie ein italienisches handgeschriebenes Rezept. Da il Pesto mit Reis oder Nudeln einfach köstlich schmeckt, waren die Gläser auch dementsprechend schnell leergeputzt. Da ich drei Jahre meines Lebens im Tessin gewohnt hatte und deshalb ganz gut italienisch spreche, erwartete Eva selbstverständlich, daß ich das Rezept übersetzen würde, aber ich konnte es beim besten Willen nicht tun. Das Rezept war nämlich verschwunden. Verlegt oder verschlampt! Je nachdem, von welchem Blickwinkel aus man die Angelegenheit betrachtet. Eva fragte noch ein paar Mal nach, schwieg dann höflich, und mir wurde von Mal zu Mal peinlicher zumute. Bis vor kurzem! Da bin ich nämlich umgezogen und fand das köstliche Rezept im hintersten Winkel der untersten Schublade meines Küchenschrankes. Zwischen lauter »furchtbar wichtigen« Zeitungsartikeln und sonstigen Papieren, die ich unter gar keinen Umständen wegwerfen darf. Na also, ich sag's ja immer: Haus verliert nix! Freundschaft gerettet, hier ist das Rezept:

3 Knoblauchzehen oder auch mehr, 2 EL geröstete Pinienkerne, 2 EL geriebener Parmesankäse, 4 EL kleingehacktes Basilikum, Salz, 5 EL Olivenöl

Knoblauch und Pinienkerne in einem Mörser ganz fein zerstoßen, Parmesan und Basilikum dazugeben, mit Salz abschmecken und mit Olivenöl zu einer feinen Paste anrühren. Wenn Sie il Pesto auf Vorrat herstellen wollen, dann füllen Sie die Paste einfach in kleine Gläser mit Schraubverschluß und begießen die Oberfläche mit etwas Olivenöl. Auf die Art und Weise bleibt die Sauce wochenlang im Kühlschrank frisch.

Gemüse

Kartoffeln

Der Anbau von Kartoffeln war früher nicht so selbstverständlich wie heute. Vor 100 Jahren gab es bei russischen Bauern als Anreiz sogar Prämien dafür! Bei mir wäre das nicht nötig gewesen, denn ich war schon immer ein Kartoffel-Fan. Diese leckere Knolle, die sich in so erstaunlicher Weise verwandeln läßt, verdient ein extra Lob, finden Sie nicht auch? Man kann sie braten, backen, kochen, musen, schmoren, raspeln, überbacken und zu Klößen formen, kurz, man kann sie immer und zu allem verwenden. Daß Kartoffeln dick machen, ist ein Märchen, das nach meiner Meinung Leute in Umlauf gebracht haben, die leidenschaftlich gern in Fett schwimmende Bratkartoffeln essen! Aber in diesem Fall ist das Fett der Übeltäter und nicht die Kartoffel, denn sie besteht bekanntlich zu 80 Prozent aus Wasser. Außerdem enthält sie in harmonischer Ausgewogenheit alle wichtigen Mineralstoffe wie Kalium, Kalzium, Mangan, Magnesium, Eisen und Phosphor, zwei Prozent Eiweiß, B-Vitamine sowie einen hohen Anteil an Vitamin C. Den verliert man allerdings, wenn man die Kartoffeln erst schält und dann kocht. Dies sollten Sie möglichst vermeiden, denn das Beste sitzt wie bei den Äpfeln unter der Schale. Übrigens kann man mit Kartoffeln eine ideale Entschlackungskur machen. Drei Tage lang ein Kilo salzlos gekochte Kartoffeln essen, das entwässert, macht schlank und senkt zu hohen Blutdruck. Meine Kartoffelgerichte sind ein kleiner Querschnitt durch die Möglichkeiten, die man mit der Kartoffel hat, aber ich hoffe, sie geben die eine oder andere neue Anregung. Schlank machen diese Kartoffelgerichte natürlich auch nicht alle, denn ich verwende gern Butter und Sahne in meiner Küche – eine Schwäche, von der ich nicht lassen kann. Aber es bleibt Ihnen überlassen, wieviel Sie von den genannten Zutaten verwenden und ob Sie meine Vorliebe dafür teilen. Ich halte es in dieser Beziehung mit Oscar Wilde, der gesagt hat: »Ich habe einen ganz einfachen Geschmack! Ich bin immer mit dem Besten zufrieden!«

Kartoffelnudeln

1 kg gekochte Salatkartoffeln, 1 TL Salz, 2 EL Weizenkleie, 1 Ei, 2 EL Weizenmehl, 1 TL Kümmel, 2–3 EL gehackte Petersilie, Kokosfett oder Butterschmalz zum Ausbacken

Die kalten, gekochten Kartoffeln schälen, raspeln und mit Mehl, Weizenkleie, Ei, Kümmel, Salz und Petersilie vermengen. Aus dem Kartoffelteig ca. 8 cm lange Nudeln formen und in heißem Fett schwimmend ausbacken. Dazu schmeckt Ratatouille und grüner Salat.

Evas Ka-Ka-Pü

(Kartoffel-Karotten-Püree)

500 g mehlige Kartoffeln, 500 g Karotten, 1 EL Salz, ¼ l heiße Milch, 1 EL Butter

Kartoffeln und Karotten waschen, schälen und in Stücke schneiden. In Salzwasser garen und dann mit der Gabel oder einem Mixstab zu Brei zerdrücken. Heiße Milch zugießen, mit Salz abschmecken und Butter zufügen. Eignet sich auch als Krankenkost oder Babyzusatznahrung. Meine Freundin Eva päppelt damit seit Jahren sämtliche Rekonvaleszenten in ihrer Verwandtschaft hoch!

Kartoffelpfannkuchen

3 EL Vollkornmehl, 1–2 Eier, ⅛ l Milch, 1–2 TL Salz, 500 g gekochte Kartoffeln, 1 Zwiebel, Kokosfett zum Braten

Aus Mehl, Eiern, Milch und Salz einen Pfannkuchenteig rühren, Zwiebel und Kartoffeln schälen und hineinraspeln. Mit einer Schöpfkelle den Teig in eine Pfanne mit heißem Fett füllen und auf beiden Seiten goldbraun backen. Diese Pfannkuchen kann man auch mit Spinat oder Tomatengemüse füllen.

Kartoffel-Tomaten-Gratin

500 g feste Kartoffeln, 2 EL Butter, 2 Eier, 10 Tartex-Frikadellen, 3 Fleischtomaten, Salz, Pfeffer, Majoran, Basilikum, 2 EL gehackte Petersilie, 4 EL geriebener Emmentaler, 4 EL Sahne

Tomaten waschen, häuten und in dünne Scheiben schneiden. Kartoffeln schälen, raspeln und ein paar Minuten in kochendem Salzwasser blanchieren. Abgießen und kalt abschrecken. In eine feuerfeste gebutterte Auflaufform jeweils eine Lage Kartoffeln, 1 Lage Frikadellen und 1 Lage Tomaten schichten. Tomaten sorgfältig würzen und mit Kräutern bestreuen.
Eier mit Sahne, Petersilie und Salz verquirlen und darübergießen. Mit dem Käse bestreuen und bei 200°C 40 Minuten im Rohr überbacken.

Kartoffelkroketten

1 kg Kartoffeln, 1 TL Salz, 1 EL Butter, ⅛ l heiße Milch, 1 Ei, 2 EL Weizenkleie, 1 MS Muskat, Pfeffer, Semmelbrösel, Kokosfett

Die gekochten Kartoffeln schälen, heiß zerstampfen und mit Salz, Milch, Butter und Weizenkleie zu einem festen Brei vermengen. Mit einer Prise Muskat würzen und kalt stellen. Mit der Hand ca. 4 cm lange Kroketten formen, in Ei und Semmelbröseln wälzen und in heißem Fett von allen Seiten goldbraun braten. Statt Ei und Semmelbrösel kann man auch einfach Milch und Weizenmehl nehmen.

Tortilla

750 g Karoffeln, 3 Zwiebeln, 1 zerdrückte Knoblauchzehe, 4 Eier, 1 kleine Paprikaschote, ½ TL Salz, Pfeffer, Olivenöl oder Kokosfett zum Braten, 3 kleingewürfelte Tartex-Frikadellen

Kartoffeln kochen, schälen und in Scheiben schneiden. Paprika und Zwiebeln hacken und zusammen mit den Frikadellen im Fett goldgelb braten, Kartoffeln und Knoblauch dazugeben und vermengen, Eier mit Salz verquirlen und darübergießen. Zu einem Omelett formen und bei schwacher Hitze stocken lassen. Omelett erst auf einen großen Teller gleiten lassen und umgedreht in die Pfanne zurückgleiten lassen. Knusprig braten und mit Salat und Rotwein servieren.

Currykartoffeln

750 g festkochende Kartoffeln, 1 TL Salz, 2 TL Currypulver, 3–4 zerdrückte Knoblauchzehen, 2 rote Paprikaschoten, 1 gehackte Zwiebel, 2 EL Butterschmalz, Saft einer halben Zitrone, ½ Tasse gesalzene Erdnüsse, ½ l oder mehr Wasser, etwas geriebene Zitronenschale, 1 Becher Joghurt

Kartoffeln waschen, schälen und würfeln, ebenso die entkernten Paprikaschoten. Zwiebel in Butterschmalz goldgelb dünsten, Knoblauch zugeben und mit Wasser aufgießen. Kartoffeln und Paprika dazugeben. Mit Salz und Curry würzen und garen lassen. Gelegentlich umrühren und kurz vor dem Ende die geriebene Zitronenschale und die Nüsse beifügen. Vor dem Servieren das Joghurt unterrühren.

Kartoffelauflauf

1 kg Kartoffeln, ¼ l Sahne, 3 Eier, 1 Messerspitze Muskat,
1 TL Salz, 1 TL Koriander, 1 TL Basilikum, 2 EL gehackte Petersilie, etwas Butter, 1 Tasse geriebener Käse, Tomatenscheiben zum Garnieren

Die gekochten Kartoffeln in dünne Scheiben schneiden und in eine gebutterte, feuerfeste Form schichten. Eigelb mit den Gewürzen und dem Käse verrühren, Eiweiß und Sahne steif schlagen, alles miteinander vermengen und unter die Kartoffeln heben. Im Backrohr bei 220° C 30 Minuten überbacken und vor dem Servieren mit Petersilie und Tomatenscheiben garnieren. Dazu frischen Salat.

Kartoffelpfanne mit Karotten und Zucchinischalen

4 große Kartoffeln, 4 Karotten, 1 Tasse kleingeschnittene Zucchinischalen, Salz, Pfeffer, Kurkuma, 2 EL Butterschmalz, 2 EL gehackte Petersilie, 2 TL Koriander

Kartoffeln waschen, schälen, würfeln und in das heiße Butterschmalz legen. Von den Zucchini nur die gewaschenen Schalen verwenden. Den Rest als Suppe zubereiten. Karotten und Zucchinischalen feingeschnitten unter die Kartoffeln mengen und mit Salz, Pfeffer, Koriander und Kurkuma würzen. Im eigenen Saft bei geschlossenem Deckel ca. 30 bis 40 Minuten dünsten lassen. Gegen Ende der Garzeit Deckel abheben, damit Flüssigkeit verdampfen kann. Vor dem Servieren mit Petersilie bestreuen.

Kartoffelnockerl mit Kräuterbutter

500 g mehlige Kartoffeln, 2 Eier, 3 EL geriebener Parmesankäse, 1 EL Weizenkleie, 2 EL Vollkornmehl, 1 EL Semmelbrösel, Salz, Muskat, 3 EL Butter und 3 EL gemischte Kräuter

Kartoffeln waschen und gar kochen. Heiß schälen und zerstampfen. Mit Eiern, Parmesankäse, Kleie, Mehl und Semmelbröseln zu einem Teig kneten und mit Salz und Muskat würzen. Auf einem bemehlten Brett eine Rolle formen und in Scheiben schneiden. Mit der Hand zu kleinen Nocken formen und in kochend heißem Wasser 4–5 Minuten ziehen lassen. Mit einer Schöpfkelle herausnehmen, abtropfen lassen und warm stellen. Butter mit den Kräutern in einer Pfanne zerlassen und über die Kartoffelnockerl gießen.

Spanischer Kartoffelberg

1 kg gekochte Kartoffeln, ½ l heiße Milch, etwas Salz, 1 Messerspitze Muskatnuß, ½ Tasse entkernte Oliven, 5 zerdrückte Knoblauchzehen, 1 gehackte Zwiebel, 1 EL Butter, 3 Tomaten, 3 EL geriebener Parmesan

Die gekochten, noch heißen Kartoffeln mit der ebenfalls heißen Milch zu Brei zerstampfen, mit Salz und Muskat abschmecken und die entkernten, gehackten Oliven sowie die zerdrückten Knoblauchzehen darunterrühren. In einer separaten Pfanne die gehackte Zwiebel in heißer Butter goldgelb dünsten und ebenfalls unter das Kartoffelpüree mischen. In einer feuerfesten Form einen Berg aus dem Kartoffelbrei formen, seitlich mit Tomatenscheiben abrunden und reichlich mit Parmesankäse bestreuen. Im vorgeheizten Rohr bei 220°C 15 Minuten überbacken. Olé!

Kartoffelbällchen mit Champignonsauce

1 kg mehlige Kartoffeln, 200 g Magerquark, 1–2 EL Vollkornmehl, 2 Eier, 1 TL Salz, 2 EL Weizenkleie, Pfeffer, 1 Messerspitze Muskat, Butter, 200 g geriebener Goudakäse, 300 g Champignons, 1 Zwiebel, 2 EL Butterschmalz, 1/4 l Sahne, Salz, 1 Bund Petersilie, Salz, 1 EL Essig

Kartoffeln kochen und heiß zerdrücken. Alle Zutaten außer dem Käse zufügen und gut vermengen. Kartoffelteig abkühlen lassen und anschließend kleine Bällchen formen. In eine feuerfeste gebutterte Form setzen und dick mit Goudakäse bestreuen. Bei 220° C im Rohr ca. 20 Minuten überbacken. In der Zwischenzeit für die Sauce Champignons putzen und blättrig schneiden, Zwiebel hacken und im Fett glasig dünsten. Champignons dazugeben und schmoren lassen. Gut würzen, Sahne zugießen und gehackte Petersilie und einen Schuß Essig darunterrühren. Natürlich passen auch alle anderen Arten von pikanten Saucen dazu!

Kartoffelpuffer

4 große Kartoffeln, 2 Eier, 1 Zwiebel, 1 TL Zitronensaft, 1 EL Vollkornmehl, Salz, Butterschmalz oder Kokosfett zum Braten

Kartoffeln waschen, schälen und reiben. Zitronensaft über die Masse träufeln. Zwiebel hineinreiben, ebenso Eier und Mehl dazugeben, alles mit Salz abschmecken. Mit einem Eßlöffel kleine Fladen von der Kartoffelmasse in das heiße Fett legen, flach drücken und auf beiden Seiten knusprig braten. Dazu frischen Salat oder Apfelmus.

Kartoffelgulasch

1 kg fest kochende Kartoffeln, 2 große gehackte Zwiebeln, 1 Büchse Tomatenmark, 1 Büchse italienische Tomaten im eigenen Saft oder 500 g frische Tomaten, 1 EL Paprikapulver, 1 TL Salz, 2 EL Butterschmalz, 1 TL Kümmel, ⅛ l Sauerrahm, 2 EL gehackte Petersilie und Dill

Kartoffeln waschen, schälen und würfeln. Zwiebeln im Fett glasig dünsten, Tomaten zerdrücken und mit dem Tomatenmark dazugeben. Kartoffelwürfel zusammen mit den Gewürzen in den Topf geben. Bei geschlossenem Deckel köcheln lassen, bis die Kartoffeln gar sind. Öfter umrühren, damit nichts anbrennt. Vor dem Servieren Sauerrahm unterziehen und das Ganze mit den Kräutern bestreuen.

Indischer Kartoffeltopf

8–10 kleine Kartoffeln, 4 Zwiebeln, 3 EL Butterschmalz, 1 TL Kurkuma, 2 TL Koriander, 8 ganze Pfefferkörner, 4 Nelken, ½ TL Fenchelsamen, 1 Messerspitze Zimt, 1 Messerspitze Muskat, 1 TL Salz, 1 Messerspitze Kardadom, ¼ l Joghurt, 4 Lorbeerblätter, ¼ l Wasser

Die Zwiebeln hacken und in Butterschmalz glasig dünsten. In der Zwischenzeit die gekochten Kartoffeln schälen und dann im ganzen oder geschnitten dazugeben und goldbraun rösten. Kurkuma und Koriander in etwas Wasser anrühren und darübergießen, 2 Minuten weiterdünsten lassen. In dieser Zeit im Joghurt Muskat, Zimt, Fenchelsamen, Kardamom, Salz und Pfeffer anrühren und über die Kartoffeln geben, Lorbeerblätter beifügen. Wasser nach Belieben. 5 Minuten weiterköcheln lassen, danach vom Feuer nehmen und mit geschlossenem Deckel noch 15 Minuten ziehen lassen.

Kartoffeltorte

1 kg gekochte Kartoffeln, 1 Zwiebel, 2 Gewürzgurken, 1 Paprikaschote, 2 Eier, Salz, Pfeffer, Kümmel, 2 EL Butter

Die gekochten und erkalteten Kartoffeln schälen und grob raspeln. Zwiebel schälen, hacken und in etwas Butter goldgelb dünsten, Paprikaschote waschen, entkernen, fein würfeln und dazugeben, kurz dünsten. Eier verquirlen, Gurken feinhacken. Alles zusammen mit den geraspelten Kartoffeln vermengen, mit Salz, Pfeffer und Kümmel würzen und in eine gut gefettete Gugelhupf- oder Kuchenform drücken. Mit etwas zerlassener Butter bestreichen und im vorgeheizten Rohr bei mittlerer Hitze 40 Minuten backen. Vorsichtig aus der Kuchenform lösen und mit einer bunten Salatschüssel servieren.

Die Kochkünste meines immer hungrigen Sohnes Michael beschränkten sich lange vorwiegend auf Kartoffeln. Von ihm stammen die nächsten zwei Ideen.

Sesamkartoffeln à la Michael

1 kg kleine Kartoffeln, 3 EL Sesam, 3 EL zerlassene Butter

Kartoffeln kochen, schälen. Sesam in einer trockenen Pfanne rösten, Kartoffeln dazugeben, Butter darübergießen und tüchtig in den Sesamkörnern wälzen.

Kümmelkartoffeln

1 kg mittelgroße Kartoffeln, 2 TL Kümmel, Salz, 1 EL zerlassene Butter

Kartoffeln waschen und der Länge nach durchschneiden. Mit zerlassener Butter einpinseln, salzen und in Kümmel tauchen. Im Backrohr bei 200°C 40 Minuten backen.

Überbackene Kartoffelnester

750 g Kartoffeln, 2 Eier, ⅛ l Milch, Kräutersalz, 1 Messerspitze Muskat, 100 g geriebener Emmentaler oder Parmesan, 1 EL Butter, Pfeffer

Kartoffeln waschen, kochen, noch heiß schälen und zu Brei stampfen. Heiße Milch, Butter, Salz und Muskat dazurühren. Dann mit einer Spritztüte Nester aus dem Kartoffelteig auf ein gut gefettetes Backblech setzen. Käse, Salz und Pfeffer mit dem Eigelb verrühren. Das Eiweiß steifschlagen und vorsichtig unter die Masse ziehen und diese mit einem Löffel in die Nester füllen. 15 Minuten im Backrohr bei 200° C überbacken.

Schweizer Rösti mit Kräuterquarksauce

500–700 g Kartoffeln, 1 Zwiebel, 2 EL Butterschmalz, Salz, Pfeffer, ⅛ l Sahne, 150 g Quark, 1 Becher Joghurt, 3 EL gehackte Kräuter und Schnittlauch

Die gekochten Kartoffeln erkalten lassen, dann schälen und grob raspeln. Zwiebeln schälen, hacken und im Butterschmalz glasig dünsten. Kartoffeln dazugeben, würzen, knusprig braten. Kartoffelmasse in der Pfanne etwas zusammendrücken, damit man sie wie ein Omelett wenden kann. Aus Quark, Joghurt, Sahne, Salz, Pfeffer und Kräutern eine frische Sauce anrühren und dazu servieren.

Spargel

Mein erstes Spargelessen

Ein paar Menschen gibt's auf dieser Welt, die haben meine Kochkünste sicher nicht in sehr positiver Erinnerung und werden wahrscheinlich einen Lachkrampf kriegen, wenn sie erfahren, daß ausgerechnet ich ein Kochbuch geschrieben habe! Warum ich das denke? Ich will es Ihnen gerne verraten.

Als blutjunger Ehefrau von knapp 18 Jahren schneiten mir aufgrund meines prominenten Ehemanns und Schwiegervaters gleich jede Menge ebenso prominenter Gäste ins Haus. Meine Kochkünste waren damals noch recht dürftig, denn mangels »Masse« hatte meine Mutter mich zwar in eine sehr gesunde, aber auch sehr bescheidene Küche eingeführt. Niemals hätte ich es gewagt, meinen illustren Gästen Pellkartoffeln mit Quark zu servieren, auch wenn ich dieses Gericht schon seit Jahren hervorragend beherrschte und außerdem bis heute finde, daß es prima schmeckt. Nein, es mußte natürlich immer was Besonderes sein, etwas extra Feines! Und genau da fängt meine Schande an, denn von der feinen Küche hatte ich keinen blassen Schimmer.

Mein erstes Spargelopfer wurde Herbert von Karajan mit seiner damaligen Ehefrau Anita. Es war Spargelzeit, also gab es Spargel mit allem möglichen Drum und Dran. Das sah gar nicht so schlecht aus, aber fragen Sie nicht, wie das schmeckte. Man kriegte das Zeug entweder gar nicht oder nur sehr schwer runter. Ich glaubte in meiner Dämlichkeit, man hätte mir schlechten Spargel angedreht, Karlheinz, mein Ehemann, pflichtete mir ahnungslos bei und die Karajans schwiegen höflich, kauten resigniert und ließen das meiste liegen. Ende des ersten peinlichen Aktes. Übrigens, Karajan ist nie wieder zum Essen gekommen!

2. Akt. Das gleiche Essen, andere Gäste! Diesmal war ich meiner Sache ganz sicher. Ich hatte mich ausdrücklich um besonders schönen frischen

Spargel bemüht, hatte ihn sorgfältig gewaschen und die Enden abgeschnitten. Das hatte mir der Verkäufer extra noch gesagt. Ich wollte alles besonders schön machen, schließlich sollte unter anderem der Schwarm meiner Jugendjahre zu uns kommen, die unvergeßliche Traumbesetzung zahlloser Opern, Lisa della Casa mit ihrem Mann Dragan.
Nun, der große Augenblick kam und ich servierte mit klopfendem Herzen meinen Spargel. Es war schrecklich. Das Tischgespräch erstarb, man hörte nur noch seltsame Geräusche. Auf den Tellern wurde gezerrt, gezogen, gesäbelt und geschoben. Fürwahr, ein echter Hausfrauenalptraum!
Und in die Stille hinein fragte Lisa ganz verwundert: »Sag mal, hast Du den Spargel denn nicht geschält?« Oh, wie blamabel! Das war's also. Mit feuerrotem Kopf mußte ich meine Unkenntnis eingestehen. Sie können sich sicher denken, daß es eine Weile gedauert hat, bis ich mich von diesem Schock erholt hatte. Und Spargel schäle ich seit damals auch immer ganz sorgfältig!

Spargelsteckbrief

In der Spargelsaison gibt es eine Menge Gründe, dieses wohlschmekkende Gemüse frisch auf den Tisch zu bringen. Nichts gegen zarte 1A Qualität aus der Dose, aber gegen frische Ware hat bei mir überhaupt keine Büchse Chancen. Leider gibt es den Spargel nur kurze Zeit im Jahr frisch. Ich finde, daß muß man genauso ausnützen wie die Erdbeerzeit. Spargel schmeckt bekanntlich auch dem verwöhntesten Feinschmecker und hat auf den Körper die Wirkung eines besseren Hausputzes.
Der Spargel wirkt stark entwässernd, worüber sich besonders die Nieren freuen. Spargelwasser gieße ich prinzipiell nicht weg, sondern trinke es pur, oder ich vermische es mit etwas frischem Apfel- oder Karottensaft und füge noch etwas Distelöl und Zitronensaft zu. Dieses Tränklein stel-

le ich in den Kühlschrank und trinke den ganzen Tag gegen Durst nichts anderes. Zugegeben, nicht unbedingt mit einem guten Tropfen Wein zu vergleichen, aber soooo gesund! Angeblich soll der Spargel ja auch noch potenzsteigernd sein, aber ich halte das, ehrlich gesagt, für eine nette Mär, die den Spargelumsatz hebt. Ich glaube, bei diesem Gerücht war wohl eher der Wunsch der Vater des Gedankens. Es sei denn, man geht davon aus, daß Spargel sehr leicht verdaulich ist und der Körper deshalb noch reichlich Energie für anderweitige Aktivitäten aufbringen kann. Wie dem auch sei, erstmal muß der Spargel geschält werden. Dabei verfahre ich immer sehr großzügig! Meine Anfangserfahrungen als Spargelköchin waren zu beschämend gewesen! Ich beginne unterhalb des Kopfes, verstärke den Druck nach unten und nehme gegen Ende lieber zuviel als zu wenig weg. Auch die holzigen Enden schneide ich mindestens 3 bis 4 Zentimeter ab. Wenn man will, kann man ja aus diesem Abfall noch eine ganz brauchbare Spargelbrühe kochen. Nicht vergessen, ins Salzwasser gehört auch etwas Butter und eine Prise Zucker.
Übrigens: Grüner Spargel ist immer billiger als der weiße. Außerdem hat er viel weniger Abfall, weil er nicht geschält zu werden braucht. Das hätte ich damals wissen sollen!

Spargelcocktail

750 g Spargel, 300 g Champignons, 1 kleine Dose Ananas, ½ Tasse gehackte Cashewnüsse, ⅛ l Sauerrahm, 2 EL Quark, 1 EL Zitronensaft, je 2 EL gehackte Petersilie, Dill und Schnittlauch, Salz, Pfeffer

Spargel waschen, schälen und in kochendem Salzwasser garen. Dann in gleichmäßig große Stücke schneiden. Champignons putzen und kleinschneiden. Ananas abtropfen lassen und in Stückchen schneiden. Aus Sauerrahm, Quark und Zitronensaft, den Kräutern und Gewürzen eine pikante Marinade anrühren, die Cashewnüsse daruntermengen und mit den Champignons sowie den Spargel- und Ananasstückchen vermischen. Kühl servieren.

Spargelsalat mit Ei

1 kg Spargel, 5 EL Sonnenblumenöl, 2–3 EL Kräuteressig, 1 TL Senf, je 1 EL gehackter Dill, Schnittlauch, Petersilie, Zwiebel, Kerbel oder Basilikum, Pfeffer, Salz, 2–3 hartgekochte Eier

Spargel waschen, schälen und in kochendem Salzwasser ca. 10 Minuten garen. Anschließend abseihen, in kleine Stücke schneiden und kühl stellen. Aus Essig, Öl und Senf eine Marinade anrühren, mit Kräutern und Gewürzen abschmecken und über die Spargelstücke gießen. Die Eier hacken und zum Schluß vorsichtig unter den Salat mengen.

Chinesischer Spargelsalat

1 kg Spargel, 2 Orangen, 2 Chicorée, 100 g Feldsalat, 3 EL Sojakeimlinge, 3 EL Öl, Zitronensaft, Salz, Pfeffer, 1 EL Sojasauce, 1 Prise Zucker

Den gekochten Spargel in Stücke schneiden, Feldsalat und Chicorée gründlich waschen, letzteren kleinschneiden. Orangen schälen und die Segmente zerkleinern. Dann Öl, Salz und Sojasauce gut vermengen und mit dem Zitronensaft, Pfeffer und Zucker nach Belieben abschmecken. Jetzt alle Zutaten gut miteinander vermengen. Kühl servieren.

Spargelsuppe mit Erbsen

500 g Spargel, 1 EL Vollkorn-Mehl, 1 EL Butter oder Margarine, 1 l Spargelwasser, ½ Tasse Tiefkühl-Erbsen, ½ Tasse Sahne, 1 Eigelb, 1 EL Essig, Salz, Muskat, weißer Pfeffer

Den Spargel schälen, in Stücke schneiden und im Salzwasser gar kochen. Das Mehl in heißem Fett leicht anrösten und mit dem Spargelwasser aufgießen. Die Erbsen dazugeben und 7 Minuten kochen. Sahne mit Eigelb verrühren, mit Essig, Salz, Muskat und Pfeffer abschmecken und zusammen mit den Spargelstückchen in die heiße Suppe rühren. Danach nur noch erhitzen, nicht mehr kochen. Dazu schmeckt französisches Stangenweißbrot oder Toast.

Spargel mit grüner Sauce

2 kg Spargel, 4 Eier, etwas Essig, reichlich Wasser, 3 Bund verschiedene Kräuter oder 2 Packungen Tiefkühlkräuter, 1 Becher Joghurt, 1Becher Sauerrahm, 1–2 Knoblauchzehen, etwas weißer Pfeffer, Salz

Spargel waschen, schälen und in Salzwasser kochen. Dann die Eier pochieren. Dazu in einem breiten Topf Wasser mit Essig aufkochen. Die Eier einzeln in eine Schöpfkelle oder in einen großen Löffel aufschlagen und vorsichtig drehend ins kochend heiße, jedoch nicht mehr sprudelnde Wasser gleiten und 5 Minuten garen lassen. Dann die pochierten Eier vorsichtig herausnehmen und abtropfen lassen. Die gehackten Kräuter mit Sauerrahm, Joghurt, zerdrücktem Knoblauch und den Gewürzen verrühren, pikant abschmecken und zusammen mit den Eiern auf dem frischgekochten Spargel anrichten.

Spargel mit Sauce Mornay überbacken

2 kg Spargel, 2 EL Butter, 3 EL Vollkorn-Mehl, 3 EL Weizenkleie, 1 l Milch, 1 Zwiebel, 2 Eigelb, ⅛ l Sahne, Salz, Pfeffer, Muskat, 200 g geriebener Parmesan oder Emmentaler

Den Spargel schälen, kochen, abtropfen lassen und in Stücke schneiden. In der zerlassenen Butter Mehl und Weizenkleie verrühren und dann langsam die Milch zugießen. Einmal kurz aufkochen, dann abkühlen lassen. Inzwischen die gehackte Zwiebel dünsten, Eigelb mit der Sahne verrühren, dann zusammen mit den Gewürzen und dem geriebenen Käse mit der Sauce vermengen. ⅔ der Sauce zusammen mit dem Spargel in eine feuerfeste Form füllen und den Rest darüberziehen. Bei 200° C ca. 30–40 Minuten im Rohr überbacken.

Kalifornische Spargelrohkost

1 kg Spargel, 1 Büchse Ananas, 1 großer Becher Kefir oder Dickmilch, 2 EL Sauerrahm, 1 EL geröstete Sesamkerne, 1 Apfel

Spargel kochen, in kleine Stücke schneiden und in eine Salatschüssel legen. Die Ananasscheiben mundgerecht zerkleinern, Sauerrahm und die Dickmilch mit etwas Ananassaft verrühren, den Apfel reiben und alles gut miteinander vermengen. Die Sesamkerne trocken in einer Pfanne rösten und über den Salat streuen.

Spargel »Milano«

2 kg Spargel, 200 g Sojazart, 3 EL Butter, 3 EL Semmelbrösel, 3 EL Parmesankäse, Salz, Pfeffer, Muskat

Spargel waschen, schälen, kochen, abtropfen lassen und in eine feuerfeste Form legen. Das Sojazart in dünne Streifen schneiden und in einem EL Butter leicht rösten, dann über den Spargel geben. Die Semmelbrösel mit der restlichen Butter goldgelb rösten, mit den Gewürzen und dem geriebenen Käse vermengen und anschließend auf dem Spargel verteilen. Im Rohr bei starker Oberhitze kurz überbacken.

Spargel im Schlafrock

500 g Blätterteig aus der Tiefkühltruhe, 2 Eigelb, 2 EL Vollkorn-Mehl, 2 kg Spargel, 0,2 l trockener Weißwein, 4 EL Sauerrahm, 125 g Butter, je 1 EL gehackter Schnittlauch, Estragon und Petersilie, Salz und Pfeffer

Den Blätterteig ausrollen und in vier Rechtecke schneiden. Diese auf ein bemehltes Blech legen und mit dem Eigelb bestreichen. Ca. 8 Minuten bei 175° C backen und anschließend die Rechtecke in zwei Teile schneiden und warmhalten.

Den Spargel schälen, in reichlich Salzwasser ca. 20 Minuten kochen. Mit

zerlassener Butter und etwas Mehl eine helle Mehlschwitze herstellen, mit Spargelsud aufgießen und den Weißwein dazugeben. Um die Hälfte einkochen und die restliche Butter in kleinen Stückchen einrühren. Mit Salz und Pfeffer würzen, die Kräuter sowie den Sauerrahm mit der Sauce vermengen und warmhalten.
Auf vorgewärmte Teller je ein Stück Blätterteig, eine Portion Spargel und darüber die Sauce geben und mit dem zweiten Blätterteigstück zudecken. Sofort heiß servieren.

Spargel »Polnische Art«

2 kg Spargel, 175 g Butter, 70 g Semmelbrösel, 2 hartgekochte Eier, 2 EL gehackte Petersilie

Den geschälten Spargel in Salzwasser gar kochen und auf einer vorgewärmten Platte anrichten. Die Butter in einer Pfanne erhitzen, die Semmelbrösel dazugeben und unter ständigem Umrühren bräunen. Die beiden Eier kleinhacken, auf dem Spargel verteilen, Semmelbrösel darübergeben und mit Petersilie garnieren.

Schwarzwurzeln

Die Schwarzwurzel ist ein winterhartes Gemüse, das es zwar nicht an Schönheit, bestimmt aber an Geschmack mit jedem Spargel aufnimmt. Man muß zwar verflixt viel putzen, aber dafür sind die Schwarzwurzeln auch bedeutend billiger als ihre schönen Spargelschwestern. Obwohl sie außerdem noch phosphor- und eisenhaltig sind, ist die Nachfrage nach den schwarzen Wurzeln trotzdem nicht gerade überwältigend. Die Putzerei nervt verständlicherweise so manche gestreßte Hausfrau.
Am besten immer gleich Gummihandschuhe anziehen, dann bleiben wenigstens die Finger sauber, dann unter fließendem Wasser tüchtig schrubben und anschließend mit einem guten Kartoffelschäler schälen. Nach dem Schälen jede Stange sofort in Essigwasser legen, dem etwas Mehl beigefügt wurde. Damit verhindern Sie, daß die Schwarzwurzeln auch nach dem Schälen ihrem Namen treu bleiben und im Handumdrehen wieder schwarz und unansehnlich werden.

Schwarzwurzelauflauf

½ kg Schwarzwurzeln, 250 g Rosenkohl, 5 mittelgroße gekochte Kartoffeln, 1 kleine Dose Sojazart, 3 Eier, 200 g Gervais, ⅛ l Sahne, Muskatnuß, Knoblauchsalz, Pfeffer, 2 EL geriebener Käse

Die geputzten und kleingeschnittenen Schwarzwurzeln sowie den Rosenkohl separat gar kochen. Anschließend abwechselnd mit den kleingeschnittenen Kartoffeln in eine gut gebutterte, feuerfeste Form füllen. Dazwischen das kleingewürfelte Sojazart streuen. Die Eier mit dem Gervais und der Sahne zu einer cremigen Masse verrühren, mit den Gewürzen kräftig abschmecken und über das Gemüse gießen. Mit geriebenem Käse das Ganze bestreuen. Im vorgeheizten Backrohr bei ca. 200°C 25 Minuten überbacken.

Schwarzwurzelsalat

500 g Schwarzwurzeln, 250 g grüne Bohnen, 3 EL Distelöl, Saft einer Zitrone, 1 gehackte Zwiebel, 100 g gewürfelter Emmentaler, Kräutersalz, frischgemahlener Pfeffer

Die geputzten und in mundgerechte Stücke geschnittenen Schwarzwurzeln zusammen mit den Bohnen in Salzwasser garen. Aus Zitronensaft, Öl, Salz und Pfeffer eine Marinade anrühren, Zwiebeln und Käse untermengen und mit dem gekochten Gemüse vermischen und kühl stellen.

Schwarzwurzelsuppe

750 g Schwarzwurzeln, ½ l Gemüsebrühe, ⅛ l Sauerrahm, 1 Bund feingeschnittener Schnittlauch, 1 Messerspitze Muskat, Kräutersalz und Pfeffer

Die geputzten und geschälten Schwarzwurzeln in 1–2 cm große Stücke schneiden und in Salzwasser kochen. Anschließend die Hälfte davon mit genügend Schwarzwurzelbrühe im Mixer zerkleinern und dann mit der Gemüsebrühe aufgießen. Mit den Gewürzen kräftig abschmecken und Sauerrahm und Schnittlauch darunterrühren.

Schwarzwurzelpfanne

1 kg Schwarzwurzeln, 1 EL Butterschmalz, 4 Eier, ⅛ l süße Sahne, Meersalz, Koriander, frischgemahlener Pfeffer, 1 Bund gehackter Dill, 100 g geriebener Parmesankäse

Die geputzten Schwarzwurzeln in mundgerechte Stücke schneiden und in Salzwasser garen. Gut abgetropft in eine Pfanne mit heißem Butterschmalz legen und kurz anbraten. Eier und Sahne schaumig schlagen, mit den Gewürzen abschmecken und über die Schwarzwurzeln gießen. Stocken lassen und vor dem Servieren mit Dill und Parmesan bestreuen.

Für ganz Eilige

Vegetarische Hamburger

Pro Person: 1 Vollkornsemmel, 1 TL gehackte Zwiebeln, 1 TL Sonnenblumenöl, 2 Tartex-Frikadellen, 2 Salatblätter, 1 große Tomatenscheibe, eine 25-Gramm-Dose Paprikapastete, 1 Prise Paprika edelsüß, Streuwürze

Zwiebeln im heißen Öl goldgelb dünsten, Frikadellen beifügen und von beiden Seiten kurz anbraten. Semmel im Rohr bei mittlerer Hitze aufbacken, aufschneiden und auf beiden Innenseiten mit Paprikapastete bestreichen. Mit Salatblättern belegen, dann die heißen Frikadellen mit Zwiebeln darauf und in die Mitte die Tomatenscheibe. Mit Paprika und Streuwürze bestreuen und zuklappen. Dazu schmeckt Buttermilch, Gemüsebrühe oder Tomatensuppe oder auch frischer Salat.

Pfirsichburger

Pro Person: 1 Milchbrötchen, 1 Pfirsichhälfte, 1 Scheibe Edamer, 1 Scheibe Tartex-Frikadellen, etwas Butter, frischgemahlener Pfeffer

Brötchen halbieren und auf beiden Seiten mit etwas Butter bestreichen. Frikadelle in etwas Fett kurz von beiden Seiten anbraten, auf eine Brötchenhälfte legen, darauf die Pfirsichhälfte, dann den Käse und mit der zweiten Brötchenhälfte schließen. Unter den Grill legen, bis der Käse geschmolzen ist.
Ein schneller, nahrhafter Snack, der sich auch für Kinderparties eignet.

Chiliburger

Pro Person: 1 Milchbrötchen, 1 Scheibe Ananas, 2 Scheiben Tartex-Frikadellen, etwas Butter, 2 EL Chili-Sauce

Frikadellen in heißem Fett von beiden Seiten anbraten, Milchbrötchen im vorgeheizten Rohr kurz aufbacken, aufschneiden und mit etwas Butter bestreichen. Frikadellen drauflegen und die Ananas dazwischen. Mit Chilisauce übergießen und noch warm servieren.

Cheeseburger

Pro Person: 1 Vollkornsemmel, 1 EL kleine Perlzwiebeln, 1 EL gehackte Delikateßgurken, 2 EL Tomatenketchup, 1 Dose Delikateßpastete (25 g), 1 Scheibe Chesterkäse, etwas Butter

Vollkornsemmel halbieren, die eine Hälfte mit Butter, die andere Hälfte mit der Delikateßpastete bestreichen. Auf die untere Hälfte Perlzwiebeln und gehackte Gurken legen und mit der Käsescheibe bedecken. Zuklappen und im vorgeheizten Rohr bei mittlerer Hitze so lange liegen lassen, bis der Käse schmilzt.

Knofelburger

2 Tassen gekochte Linsen, 1 Karotte, ½ gekochter Sellerie, 1 Ei, 8–10 zerdrückte Knoblauchzehen, 2 EL Weizenkleie, 2 Tassen Semmelbrösel, 1 Bund Petersilie, Salz, Pfeffer und Fett zum Braten

Die Hälfte der Linsen im Mixer mit etwas Flüssigkeit pürieren, anschließend in einer Pfanne bei mäßiger Hitze unter ständigem Rühren die Flüssigkeit verdampfen lassen. Die andere Hälfte der Linsen, die geriebene Karotte und den geriebenen Sellerie zugeben und mit den Gewürzen, der gehackten Petersilie und den Knoblauchzehen vermengen. Soviel Semmelbrösel daruntermischen, bis der Teig leicht zu formen ist. Sollte der Teig zu trocken sein, mit etwas Öl verdünnen.
Kleine Bällchen formen, flachdrücken und in Semmelbröseln wälzen. In heißem Fett von beiden Seiten goldbraun braten. Mit einem Tomaten-Joghurt-Salat einfach köstlich. Nicht zu empfehlen, wenn Sie am Abend noch eine Eroberung planen oder auch nur einen Kinobesuch.

Sojaburger mit Käse

150 g Soja-Vita, 1 Zwiebel, 2 EL Semmelbrösel, 1 Ei, ¼ l heißes Wasser, je 1 TL Majoran, Thymian und gehackte Petersilie, Salz, Pfeffer, 1 EL Butterschmalz, 100 g Emmentaler

Soja-Vita in heißem Wasser einweichen. Zwiebel hacken, im Butterschmalz goldgelb dünsten, mit Soja-Vita mischen. Semmelbrösel, Ei und Gewürze ebenfalls darunterrühren und abschmecken. Kleine Bouletten formen und in Butterschmalz oder Kokosfett braten. Zwischen zwei Bouletten jeweils eine dicke Emmentalerscheibe legen und die Burger im Backrohr kurz erhitzen. Schmeckt zu einer bunten Salatschüssel oder auch mit sauren Gurken.

Grüne Quarknockerl

500 g Magerquark, 2 Eier, getrennt, 50 g Vollkornmehl, 50 g Semmelbrösel, 1 EL Weizenkeime, je 1 EL gehackte Petersilie, Dill, Basilikum, Oregano, 1 Messerspitze Muskatnuß, Salz, Pfeffer, reichlich kochendes Salzwasser

Den Quark zerdrücken und mit 2 Eigelb, Mehl, Kräutern, Semmelbröseln, Mehl, Weizenkeimen und Gewürzen vermischen. Eiweiß steif schlagen und unter die Masse heben. Mit einem Eßlöffel Nockerl ausstechen und in siedendem Salzwasser 10 Minuten garen lassen. Sie schmekken kalt und warm.

Auberginenpastetchen

1 mittelgroße Aubergine, 1 Bund Petersilie, 1 Tasse geriebener Cheddarkäse, ½ Tasse Semmelbrösel, ½ Tasse Sojamehl, 1 feingehackte Zwiebel, 1–2 Eier, 2 zerdrückte Knoblauchzehen, Salz, Pfeffer, Kokosfett oder Butterschmalz zum Ausbacken

Aubergine schälen, würfeln und ca. 5–10 Minuten mit wenig Salzwasser garen. Abtropfen lassen und mit einer Gabel zerdrücken. Petersilie feinhacken und zusammen mit den übrigen Zutaten zu einem gut formbaren Teig vermischen. Kleine Pasteten oder Bällchen von 5–7 cm Durchmesser formen und in heißem Fett schwimmend ausbacken.

Während der Dreharbeiten zu »Die Heilige und ihr Narr« verbrachte das Aufnahmeteam einige Zeit am Lago Maggiore. Das war für mich herrlich, denn ich sah dieses romantische Fleckchen Erde damals zum ersten Mal und genoß die Tage in vollen Zügen. Obwohl die Dreharbeiten ziemlich anstrengend waren, spürte ich nichts davon. Schließlich war ich ja erst 17 Jahre alt und die vielen Einzeleinstellungen in glühender Hitze, bei denen Hertha Feiler als die böse Stiefmutter in einer rasenden Autofahrt versuchen sollte, uns umzubringen – wir liebten laut Drehbuch beide denselben Mann, nämlich Gerhard Riedmann – sind mir als sehr erheiternd in Erinnerung geblieben.
Am Abend gab es dann immer ein kleines Festessen, so kam es mir jedenfalls vor. Wir wohnten in einem kleinen Hotel, und Giovanni, der Wirt, war rührend bemüht, es allen recht zu machen. Sogar ich, als Vegetarierin, kam auf meine Kosten und lernte zum ersten Mal in meinem Leben Zucchini kennen und schätzen. Eine der Spezialitäten des Hauses waren

Zucchini in Weißwein

500 g Zucchini, 2 EL Butterschmalz, 1 EL Mehl, 1/8 l Sahne, 1/4 l trockener Weißwein, 1/2 TL Salz, 1 TL Oregano, Pfeffer

Zucchini waschen und mit der Schale kleinschneiden. Im heißen Fett mit den Gewürzen und etwas Flüssigkeit gar dünsten. Anschließend Mehl darüberstreuen und mit Weißwein löschen. Nochmals abschmekken und zum Schluß die Sahne unterziehen.

Sahne-Zucchini

500 g Zucchini, ⅛ l Sahne, 1 Cantadou, ½ TL Curry, 1 Prise Muskat, Salz, Streuwürze und frischgemahlener Pfeffer nach Geschmack, 1 Bund Petersilie, etwas Butter

Zucchini waschen, in Scheiben schneiden und reihenweise in eine gebutterte Auflaufform schichten. Die Sahne kurz schlagen (sie soll noch flüssig sein), den Cantadou mit der Gabel zerdrücken und mit der Sahne vermischen. Alle Gewürze beifügen und das ganze pikant abschmekken. Diese Sauce über die Zucchini gießen und im vorgeheizten Rohr bei 200°C ca. 30 Minuten überbacken.
Vor dem Servieren mit gehackter Petersilie bestreuen. Dazu schmecken Walnußkroketten und rohes Tomatenpüree. Gesund ist es obendrein.

Walnußkroketten

2 Eier, 1 Tasse gehackte oder gemahlene Walnüsse, 2 EL entkernte und gehackte Oliven, 3 EL gekochter geraspelter Sellerie, 3 EL Hefeflocken, 3 EL zarte Haferflocken, 2 EL gehackte Petersilie, 2 zerdrückte Knoblauchzehen, Salz, Pfeffer, Butterschmalz oder Kokosfett

Die Eier schaumig rühren und alle Zutaten miteinander vermengen. Den Teig pikant abschmecken und mit nassen Händen kleine Kroketten daraus formen. In heißem Fett schwimmend ausbacken und mit Salat und Ratatouille servieren.

Florentiner Spinat

Das nachfolgende Gericht habe ich nicht etwa in Florenz entdeckt, sondern in London. Und wissen Sie wo? Mitten im tiefsten Soho in einem winzigen italienischen Lokal.

500 g frischen oder 2 Packungen Tiefkühl-Spinat, ½ gehackte Zwiebel, ½ TL Oregano, 3–4 zerdrückte Knoblauchzehen, 1 TL Salz, 1 EL Butterschmalz oder Olivenöl, 200 g geriebener Käse, 1 EL Vollkorn-Mehl oder 1 ML Biobin, etwas Wasser, ⅛ l Milch, Salz, Pfeffer, Muskat nach Belieben, pro Person 1 Spiegelei

Blattspinat mit kochendem Salzwasser blanchieren und einige Minuten ziehen lassen. Zwiebel in heißem Fett goldbraun dünsten, mit dem abgetropften Spinat vermengen und in eine gebutterte Form geben. Aus Mehl, Milch, Wasser und etwas Butter eine helle Sauce herstellen, den Käse darunterrühren und kräftig würzen. Dann die Sauce über den Spinat gießen und im vorgeheizten Rohr bei 220° C 20 Minuten überbacken. Vor dem Servieren auf jede Portion ein Spiegelei setzen.

Brokkoli mit Artischockenherzen

500 g Brokkoli, 1 Glas Artischockenherzen, 3 EL Sojamehl, 1 EL Vollkornmehl, 1 EL Butterschmalz, ⅛ l Milch, ⅛ l Sahne, eventuell noch etwas Wasser, 1 Tasse geriebener Parmesankäse, 2 EL Kräuteressig, 2 EL gehackte Kapern, Muskat, Pfeffer, Streuwürze, Salz

Brokkoli vorkochen und zusammen mit den Artischockenherzen in eine gebutterte Auflaufform schichten. Mehl und Sojamehl in das heiße Fett einrühren, mit Milch und Wasser löschen und dann vom Feuer nehmen. Anschließend Käse, Kapern und Sahne darunterrühren und mit den Gewürzen und dem Essig herzhaft abschmecken. Die Sauce über Brokkoli und Artischockenherzen gießen und im Rohr bei 200° C 20 bis 25 Minuten überbacken.

Gebackener Fenchel mit Sauce Tartar

6 Fenchelknollen, 1 Zitrone, 2 Eier, 2 EL Weizenkleie, 4 EL Semmelbrösel, Salz, 2–3 EL Butterschmalz zum Braten
Sauce Tartar: 1 großer Becher Joghurt, ⅛ l Sauerrahm, 1–2 EL Distelöl, 4 Gewürzgurken, 1 feingehackte Zwiebel, 2 EL Petersilie, Salz und Pfeffer

Fenchel putzen und mit etwas Zitronensaft (damit er sich nicht verfärbt) in Salzwasser kochen. Anschließend Knollen gut abtropfen lassen und in etwa 1 cm dicke Scheiben schneiden. Aus Eiern, Weizenkleie, Semmelbröseln und etwas Salz einen Teig anrühren, die Fenchelscheiben hineintauchen und dann in heißem Fett auf beiden Seiten backen. Gewürzgurken sehr fein hacken und zusammen mit Zwiebel, Öl, Sauerrahm, Joghurt und Petersilie gut verrühren. Mit Salz und Pfeffer abschmecken und die Sauce zu den gebackenen Fenchelscheiben servieren. Paßt gut zu Kartoffelnestern oder Kartoffel-Karotten-Püree.

Zwiebelkuchen

175 g Vollkornmehl, 150 g Butter, 1 Ei, Salz, 1 kg Zwiebeln, 2 EL Butterschmalz, 3 Eier, ¼ l Sahne, 125 g Quark, 80 g Mehl, 1 Messerspitze Muskatnuß, Salz, Pfeffer

Aus 175 g Mehl, Butter, Ei und Salz einen Mürbteig kneten und eine gefettete Tortenform damit auslegen. Die Zwiebeln schälen und in mittelgroße Würfel schneiden; im heißen Butterschmalz glasig dünsten. Eier, Sahne und Quark gut verrühren oder mixen, mit den Gewürzen abschmecken, die 80 g Mehl sieben und alles zusammen mit den Zwiebeln vermengen und in die ausgelegte Form füllen. Im vorgeheizten Backrohr den Zwiebelkuchen bei 200°C ca. 40 Minuten backen.

Gemüsetorte

200 g Butter, 200 g Vollkornmehl, 1–2 Eier, 1 kleiner Blumenkohl, 2 Stangen Lauch, 1Paket Tiefkühl-Rosenkohl, 1 Paket Brokkoli, 500 g Karotten
Für die Sauce: 200 g geriebener Käse, 2 Eier, getrennt, 3 EL Sauerrahm, 2 Ecken Gervaiskäse, Muskatnuß, Salz, Pfeffer

Aus Butter, Mehl und Eiern einen Mürbteig herstellen und im Backrohr bei mittlerer Hitze vorbacken. Das Gemüse separat in etwas Salzwasser garen, Lauch und Karotten vorher in Scheiben schneiden. Das Gemüse gut abtropfen lassen und den Mürbteigboden damit füllen und mit folgender Sauce übergießen: Eigelb, geriebener Käse, Sauerrahm, Gervais und Gewürze werden gut miteinander vermischt. Das Eiweiß wird steifgeschlagen und vorsichtig unter die Mischung gehoben. Dann wird das Ganze über das Gemüse in die Form gefüllt und bei 200° C ca. 30 Minuten gebacken. Mit Salaten servieren.

Spinatstrudel

200 g Soja-Vita, etwas Gemüsebrühe, 1 Tasse gehackte Walnüsse, 2 zerdrückte Knoblauchzehen, 2 Eier, 1 gehackte Zwiebel, 1 EL Butterschmalz, 1 Tiefkühl-Strudelpackung, 500 g Blattspinat, Salz, Pfeffer, ½ TL Koriander, 1 verquirltes Eigelb

Das Soja-Vita in etwas Gemüsebrühe einweichen und anschließend mit den Walnüssen, dem Knoblauch und den Eiern vermengen. Die Zwiebel im Butterschmalz goldbraun rösten, den gewaschenen Blattspinat dazugeben, kurz dünsten und dann mit der übrigen Masse vermengen. Mit den Gewürzen pikant abschmecken. Den Strudel auslegen und die Spinatmischung darauf verteilen. Dann den Strudel aufrollen, mit einem verquirlten Eigelb bestreichen und im vorgeheizten Rohr bei 200° C ca. 25 Minuten backen.

Gebackene Oliven mit Joghurtsauce

40 große, mit Paprika gefüllte Oliven, 175 g Vollkornmehl, 2 Eier, ¼ l Bier, ½ TL Zucker, ½ TL Salz, Butterschmalz
Für die Sauce: 1 Becher Joghurt, 1 EL Sauerrahm, 200 g Gervaiskäse, ½ TL Zitronensaft, etwas Selleriesalz, 1 EL gehackte Gewürzgurken, 3 EL gehackte Kräuter, 2 EL feingehackte Cashewnüsse

Aus Mehl, 2 Eigelb, Zucker, Salz und Bier einen Teig rühren. Das verbliebene Eiweiß steif schlagen und unterziehen. Die Oliven in den Teig tauchen und im heißen Fett schwimmend ausbacken. Für die Sauce alle angegebenen Zutaten gut miteinander verrühren und zum »Dippen« in kleine Schälchen füllen. Für die Oliven Zahnstocher oder Partysticks bereithalten. Ein prima Appetizer für die Cocktailstunde!

Gebackene Avocadoscheiben

2 Avocados, 2 Eier, ½ Tasse Semmelbrösel, Salz, 2 EL Sojamehl, Pfeffer, Butterschmalz oder Kokosfett zum Braten

Avocados schälen und der Länge nach halbieren, Kern entfernen und in Scheiben schneiden, wiederum der Länge nach. Die Eier in einer flachen Schüssel verquirlen. Avocadoscheiben vorsichtig in Sojamehl, Ei und Semmelbröseln wälzen und im heißen Fett ausbacken. Mit dem Rest der geschlagenen Eier die Löcher in den Scheiben (wo der Kern saß) zugießen. Vorsichtig wenden und mit Salz und Pfeffer würzen. Dazu schmeckt Joghurtsauce und Risotto.

Sauerkrautauflauf

1 kg Kartoffeln, 1 gehackte Zwiebel, 2 EL Butterschmalz, 500 g Sauerkraut, ¼ TL Anis, 1 TL Kümmel, Salz, ⅛ l oder mehr heiße Milch, 1 TL Majoran, 1 Messerspitze Muskat, etwas frischgemahlener Pfeffer, 1 Tasse geriebener Emmentaler, Butter, 2 EL gehackte Petersilie

Kartoffeln kochen. In der Zwischenzeit Zwiebel in heißem Fett goldgelb dünsten, Sauerkraut dazugeben, Kümmel, Anis, Salz und etwas Flüssigkeit untermengen und garen lassen. Wenn die Kartoffeln fertig sind, schälen und noch heiß mit der Milch zu Brei stampfen. Den Kartoffelbrei mit etwas Salz, Majoran, Muskat und Pfeffer abschmecken und abwechselnd mit dem Sauerkraut in eine feuerfeste gebutterte Form füllen. Mit geriebenem Emmentaler bestreuen und mit Butterflöckchen besetzen und im vorgeheizten Rohr bei 180–200° C ca. 20 Minuten überbacken. Vor dem Servieren reichlich mit gehackter Petersilie bestreuen. Diesen Auflauf mache ich gerne mit Sauerkrautresten vom Vortag.

Vegetarisches Fondue

2 Dosen Tartex-Frikadellen à400 g, Sonnenblumenöl oder Olivenöl zum Braten, frischgemahlener Pfeffer, Streuwürze, verschiedene Saucen zum Dippen (siehe unter Saucen), z.B. Gorgonzola-Dip, Frühlingscreme, Tzatziki, süßsaure Currysauce etc.

Frikadellen in größere Würfel schneiden und in eine Schüssel füllen. Das Öl auf dem Herd erhitzen und auf dem Rechaud heiß halten. Frikadellenwürfel auf die Fonduegabel spießen, kurz ins heiße Fett halten und brutzeln lassen. Würzen und in eine der Saucen dippen.

Auberginenchips

1–2 Auberginen, 2–3 EL Butterschmalz oder Kokosfett, 1 TL Salz, 1 Messerspitze schwarzer Pfeffer, 1 TL Koriander

Auberginen waschen und mit der Schale in dünne Scheiben schneiden. Das Fett in einer Pfanne erhitzen und die Auberginenscheiben von beiden Seiten rösten. Das Fett gut abtropfen lassen und die Chips mit einer Mischung aus Salz, Pfeffer und Koriander bestreuen.

Gemüsebrot

5 Karotten, 1 Tasse Walnüsse, 3 Zwiebeln, 2 Eier, 1 Paprikaschote, 1 Tasse kleingeschnittener Stangensellerie, 4 Scheiben Vollkornbrot, ½ TL Thymian, ½ TL Koriander, Salz, Pfeffer, 2 EL Weizenkleie, Semmelbrösel, Butterschmalz oder Öl

Zwiebeln und Paprika kleinschneiden und zusammen mit dem Stangensellerie im Fett dünsten. Karotten, Brot und Walnüsse raspeln bzw. kleinhacken, mit Weizenkleie und dem gedünsteten Gemüse vermengen und mit den Gewürzen abschmecken. Zum Schluß die Eier in den Teig kneten und die Masse in eine gebutterte und mit Semmelbröseln bestreute Kuchenform drücken.

Im vorgeheizten Ofen bei 220° C ca. 40 Minuten überbacken. Mit einer Joghurtsauce oder Salatteller servieren.

Zwiebelauflauf

1,5 kg Gemüsezwiebeln, 2 Tassen gekochter Reis, 1 TL Salz, 1 TL Kümmel, 4 Eier, 150 g geriebener Gruyère, 1 Messerspitze Paprika, Salz, Pfeffer, ⅛ l Sauerrahm

Zwiebeln in Ringe schneiden und mit etwas Wasser ca. 10 Minuten dünsten. Mit dem Reis vermengen, mit Kümmel, Salz, Paprika und Pfeffer würzen und in eine feuerfeste Form füllen. Eier, Käse und Sauerrahm vermengen, gut abschmecken. Die Sauce über die Zwiebeln gießen und im vorgeheizten Backrohr 35 Minuten bei 200° C überbacken.

Überbackene Gurkenschiffchen

2 Gartengurken, 1 Zwiebel, 3 Tomaten, 2 Tassen gekochten Reis, 2 EL Butterschmalz, 1 zerdrückte Knoblauchzehe, 2 EL gehackte Petersilie, Salz, Pfeffer, 1 Tasse geriebener Cheddarkäse, 2 EL gehackter Dill

Gurken waschen, schälen, der Länge nach halbieren, aushöhlen und in Salzwasser etwa 5 Minuten kochen. Zwiebel hacken, in Butterschmalz glasig dünsten, Tomaten häuten, würfeln und dazugeben. Mit Reis, Knoblauch, Petersilie, Salz und Pfeffer vermengen und die Masse in die Gurkenschiffchen füllen. Cheddarkäse dick darüberstreuen und im Rohr ca. 10 Minuten überbacken. Vor dem Servieren mit frischgehacktem Dill bestreuen.

Gefüllte Zwiebeln

4 große Gemüsezwiebeln, 100 g Soja-Vita, 3 EL geriebener Käse, 100 g Hüttenkäse, 1 EL gehackte Petersilie, 1 Ei, 2 EL Butterschmalz, Salz, Pfeffer

Die Zwiebeln schälen, aushöhlen und in kochendem Wasser kurz blanchieren. Soja-Vita mit etwas heißem Wasser anrühren und ziehen lassen, bis die Masse weich ist. Einen Teil der Zwiebelstücke kleinhacken und in Butterschmalz goldgelb dünsten. Mit geriebenem Käse, Hüttenkäse, Ei und Petersilie unter das Soja-Vita mischen, mit Salz und Pfeffer abschmecken und in die Zwiebeln füllen. Eine Form ausfetten, die Zwiebeln hineinsetzen und im vorgeheizten Rohr bei 200° C ca. 35 Minuten überbacken. Mit Kartoffelbrei und Tomatensalat servieren.

Auberginenauflauf

1 große Aubergine, 4 Zucchini, 2 grüne Paprikaschoten, 4 Tomaten, 1 Zwiebel, 2 zerdrückte Knoblauchzehen, 3 EL Öl, 1 Becher Hüttenkäse, ½ TL Cumin, ½ TL Estragon, ½ TL Oregano, 1 EL gehackte Petersilie, Salz, Pfeffer, Parmesankäse zum Bestreuen

Zuerst die Sauce zubereiten: Paprikaschoten entkernen und sehr kleinschneiden, Tomaten häuten und fein zerkleinern. Zwiebel schälen, hakken und in etwas Fett weich dünsten. Dann Paprika, Tomaten und Knoblauch dazugeben und eine Weile köcheln lassen, bis alles weich ist. Mit Cumin, Estragon, Oregano, Salz und Pfeffer abschmecken.
Aubergine und Zucchini waschen und in Würfel schneiden. Ein paar Minuten in Öl anbraten und dann in eine gefettete Auflaufform schichten. Hüttenkäse und Tomatensauce darübergeben und mit etwas Parmesan bestreuen. 50–60 Minuten im Backrohr bei 175° C backen.

Blumenkohl im grünen Nest

1 Blumenkohl, 1 EL Zitronensaft, 1 Paket Kartoffelpüree, je 1 EL gehackte Petersilie, Dill und Schnittlauch, 1 Päckchen Kresse, je 1 TL Kerbel und Basilikum, Salz, Muskat, 1 EL Butter

Blumenkohl putzen, Strunk abschneiden und in reichlich warmes Salzwasser legen, damit eventuelle »Bewohner« herausfallen. Anschließend im ganzen in Salzwasser und etwas Zitronensaft garen. Kartoffelpüree nach Packungsaufschrift anrühren, Kresse aus dem Kästchen schneiden und waschen und zusammen mit den übrigen Kräutern unter das Püree ziehen. Mit Salz, Butter und Muskat abschmecken. Blumenkohl auf eine Platte setzen, das Püree am besten mit einem Spritzbeutel mit großer Lochtülle herumdekorieren und dazu Sojawürstchen oder Vegiburger servieren.

Blumenkohl mit Sellerie und Walnüssen

**1 Blumenkohl, 2 Stangen Sellerie, 1 EL Butterschmalz,
1 EL gehackte Petersilie, je ½ Tasse gehackte Walnüsse und geriebenen Cheddarkäse, Kräutersalz**

Blumenkohl putzen, waschen und in Röschen zusammen mit dem kleingeschnittenen Stangensellerie im Salzwasser kurz garen. Anschließend abgießen, gut abtrocknen und in heißem Butterschmalz kurz anbraten. Mit Kräutersalz abschmecken. Vor dem Servieren mit Cheddarkäse, Petersilie und gehackten Walnüssen bestreuen.

Mexikanische Artischocken

**15 oder mehr Artischockenherzen (frisch gekocht oder aus dem Glas),
1 Zwiebel, 2–3 zerdrückte Knoblauchzehen, ¼ l Gemüse- oder Tomatensaft,
2 EL Butterschmalz, 1 EL Sojamehl, 200 g Gervais, Sojasauce, Saft von
1 Zitrone, je 1 TL Oregano, Basilikum, Koriander, Salz und Pfeffer,
8 hartgekochte Eier, 4 EL geriebener Parmesankäse**

Die kleingehackte Zwiebel im heißen Fett goldgelb dünsten, Knoblauch, Kräuter und Gewürze, Sojamehl sowie den Gervais dazurühren, mit Tomatensaft löschen und mit Zitronensaft und Sojasauce abschmecken. Die Artischockenherzen gut abtropfen lassen und abwechselnd mit den halbierten, hartgekochten Eiern in eine gebutterte feuerfeste Form füllen. Die Sauce darübergießen, mit Parmesankäse bestreuen und 15 Minuten bei 200° C im vorgeheizten Backrohr überbacken. Wem die Sauce nicht »mexikanisch« genug schmeckt, kann vor dem Überbacken noch eine kleingeschnittene, getrocknete Pfefferschote hineingeben!

Mampfi-Pampfi mit Sojabohnen

1 Aubergine, 2 mittelgroße Zucchini, 1 rote und 1 grüne Paprikaschote, 1 Dose Sojabohnen, 2 Zwiebeln, 3–4 zerdrückte Knoblauchzehen, 2 EL Hefeflocken, 2 EL Butterschmalz, 1 TL Koriander, 1 TL Salz, 1 TL Basilikum, etwas Sojasauce, frischgemahlener Pfeffer, 2 EL geröstete Pinienkerne

Die feingehackten Zwiebeln im Fett goldgelb dünsten. Aubergine, Zucchini und Paprikaschoten waschen, kleinschneiden und zusammen mit den Sojabohnen in den Topf geben. Etwas Flüssigkeit zugeben und bei geschlossenem Deckel 15–20 Minuten gar dünsten lassen. Anschließend die zerdrückten Knoblauchzehen, Hefeflocken, Kräuter und Gewürze dazugeben und mit etwas Sojasauce abschmecken. Zum Schluß die trocken gerösteten Pinienkerne daruntermengen. Wem zuviel Paprika in diesem Gericht ist, kann statt dessen Kartoffeln mitkochen. Schmeckt auch sehr lecker!

Gefüllte Paprika

4 grüne Paprikaschoten, ½ l Gemüsebrühe, 1 kleine Büchse Maiskörner, 2 Tassen vorgekochter Reis, 2 EL Tomatenmark, 2 EL gehackte Petersilie, 2 zerdrückte Knoblauchzehen, 3 EL Sauerrahm, Kräutersalz, Pfeffer, 4 EL geriebener Emmentaler

Paprikaschoten waschen und vorsichtig aushöhlen. In der Gemüsebrühe ca. 10 Minuten garen und mit einer Masse aus Maiskörnern, Reis, Tomatenmark, Petersilie, Knoblauch, Sauerrahm, Salz und Pfeffer füllen. Mit dem geriebenen Käse bestreuen und im Rohr bei ca. 200° C 15 Minuten überbacken.

Zucchinipuffer

4 mittelgroße Zucchini, 2 Zwiebeln, ½ TL Salz, 2 Eier, 3 EL geriebener Parmesankäse, 3 EL Sojamehl, 3 EL Semmelbrösel, etwas Milch, 1 TL Koriander, ½ TL Thymian, 2 zerdrückte Knoblauchzehen, Butterschmalz oder Kokosfett zum Braten.

Zucchini waschen, Enden abschneiden und mit der Schale raspeln. Zwiebeln feinhacken, im Fett goldgelb dünsten und die geraspelten Zucchini dazugeben. 5 Minuten weiterdünsten. Eier mit Käse, Semmelbröseln, Soja, Gewürzen und etwas Milch verrühren und mit der Zucchinimischung vermengen. In einer Pfanne mit heißem Fett runde Puffer von dieser Masse auf beiden Seiten knusprig ausbacken.
Man kann auch den »Zucchiniteig« in eine gebutterte feuerfeste Form füllen und im Rohr 30–40 Minuten überbacken. Allerdings sollte man dann die Eier trennen und das Eiweiß als Schnee unter die Masse ziehen.

Rosenkohl mit Maronen

500 g Rosenkohl, 250 g Eßkastanien (Maronen), 2 EL Öl oder Butter, ¼ l Gemüsebrühe, geriebene Muskatnuß, Salz

Den Rosenkohl putzen, waschen und in der Gemüsebrühe weichkochen. In der Zwischenzeit Kastanien an der runden Seite kreuzweise mit einem scharfen Messer einschneiden. Im Backrohr bei 220° C 15–20 Minuten garen, anschließend abkühlen lassen, dann schälen und auch die Innenhaut entfernen. Zu dem fertigen Rosenkohl geben und mit Butter, Muskatnuß und Salz abschmecken. Besonders gut mit Kartoffelpüree.

Überbackener Rosenkohl

1 kg Rosenkohl, ⅛ l Sahne, 2 Eigelb, 100 g geriebener Emmentaler, ½ l Gemüsebrühe, Muskatnuß, Salz, Pfeffer, Butter zum Einfetten der Auflaufform, 2 Eiweiß

Rosenkohl waschen, putzen und die Strünke abschneiden. In der Gemüsebrühe garen und anschließend in eine gebutterte Auflaufform geben. Sahne mit Eigelb verquirlen, mit Muskat, Salz und Pfeffer abschmecken und über den Rosenkohl gießen. Eiweiß steifschlagen und vorsichtig unter das Ganze ziehen. Den geriebenen Emmentaler darüberstreuen und im Rohr bei 220° C überbacken bis der Käse goldgelb wird.

Gratinierter Stangensellerie

750 g Stangensellerie, 2 EL Butterschmalz, 2 EL Vollkorn-Mehl, ¼ l oder mehr) Gemüsebrühe, ⅛ l Sauerrahm, 1 Tasse geriebener Emmentaler, 3 EL gehackte Petersilie, 1 Messerspitze Muskat, Salz, Pfeffer, Butter

Stangensellerie waschen, in gleich lange Stücke schneiden und in Salzwasser etwa 10 Minuten kochen lassen. Butterschmalz erhitzen, Mehl einrühren und mit Gemüsebrühe löschen. Sauerrahm, Petersilie und ¾ des geriebenen Käse darunterrühren und würzen. Den Stangensellerie in eine gebutterte, feuerfeste Form legen und die Sauce darübergießen. Das Ganze mit dem restlichen Käse bestreuen, Butterflöckchen draufsetzen und im vorgeheizten Backrohr bei 220° C ca. 20 Minuten überbacken.

Fenchelauflauf

4 große Fenchelknollen, 1 Tasse Soja-Vita, 1 kleine gehackte Zwiebel, 1 EL Zitronensaft, 2 EL Bierhefeflocken, 2 EL Weizenkleie, 2 EL gehackte Walnüsse, 200 g Gervais, ¼ l Gemüsebrühe, ⅛ l Sahne, 2 Eigelb, Salz, Pfeffer, Muskat, 1 EL Butterschmalz, 50 g geriebener Käse

Fenchel putzen, in kochendem Salzwasser mit etwas Zitronensaft garen, abtropfen lassen und in kleine Stücke schneiden. Soja-Vita in heißem Wasser oder Gemüsebrühe einweichen, Zwiebel in etwas Butterschmalz goldgelb dünsten, dazugeben, ebenso die Nüsse, Weizenkleie und Bierhefeflocken. Aus Gervais, Sahne, Eigelb und Gewürzen eine Sauce rühren und unter die übrige Masse mischen. Alles gut mit dem Fenchel vermengen, die Masse in eine feuerfeste gebutterte Form geben, geriebenen Käse darüberstreuen und im vorgeheizten Backrohr bei 220°C etwa 15–20 Minuten überbacken.

Brokkoliauflauf

500 g Brokkoli (oder 2 Tiefkühlpackungen), 2 EL Butter, 4 Scheiben kleingewürfeltes Soja-Zart, 200 g Gervais, Saft einer halben Zitrone, 1 Prise Muskat, Salz, Pfeffer, 1 TL gekörnte Brühe, 1 EL Weizenkleie, 1 EL Bierhefeflocken

Brokkoli mit kochendem Salzwasser übergießen und 10 Minuten ziehen lassen. Anschließend abgießen und ¼ l Gemüsesud für die Sauce aufbewahren. Brokkoli in eine feuerfeste, gut gefettete Form legen und das gewürfelte Soja-Zart darüberstreuen. In den noch warmen Gemüsesud die gekörnte Brühe einrühren und nacheinander Gervais, Weizenkleie, Bierhefeflocken und Zitronensaft damit vermischen. Mit den Gewürzen kräftig abschmecken und die Sauce über den Brokkoli gießen. Bei 200°C im vorgeheizten Backrohr ca. 15–20 Minuten überbacken.

Auberginenschiffchen

2 Auberginen, 1 Paket Soja-Vita, 1 kleingehackte Zwiebel, 2 EL Öl, 3 gehäutete, gewürfelte Tomaten, Salz, Pfeffer, 50 g geriebener Käse

Auberginen waschen, halbieren, aushöhlen, das Fruchtfleisch vorsichtig herausschaben, würfeln. Die Zwiebel in heißem Öl goldgelb braten, die Auberginenwürfel beifügen und kurz dünsten. Soja-Vita in Gemüsebrühe oder heißem Wasser einweichen, Tomaten daruntermischen, eventuell nachwürzen und alle Zutaten außer dem Käse gut vermengen. Auberginenhälften mit der Masse füllen, mit Käse bestreuen und im vorgeheizten Backrohr bei 220°C 30 Minuten überbacken.

Linsen, Erbsen, Bohnen – eiweißreiche Hülsenfrüchte

Man kann sie praktisch zu sämtlichen Gerichten verwenden und was das Beste ist, sie bieten genausoviel Eiweiß wie Fleisch, nämlich 22 Prozent. Alle wichtigen Stoffe, die der Körper zur Blutbildung braucht, wie Eisen, Kalium, Kalzium, Mangan, Kupfer und bei den Linsen sogar noch zusätzlich Phosphor und Lecithin, sind reichlich vorhanden. Außerdem jede Menge Vitamine aus der B-Gruppe. Abgesehen von diesen hervorragenden Eigenschaften sind die Hülsenfrüchte auch sehr stärkehaltig (zum Teil über 50 Prozent). Man muß also schon sehr schwer körperlich gearbeitet haben, um bei solchen Gerichten voll zulangen zu können, sonst legt man sich spielend ein paar lästige Rettungsringe zu. Und wer will die schon?
Von André Malraux stammt der schöne Ausspruch:
Gesundheit wird nicht dadurch bewahrt, daß man viel ißt, sondern daß man klug ißt.
Vor einigen Jahren übersetzte ich aus dem Englischen ein sehr interessantes Buch eines Inders namens Harish Johari. Er hatte sich bei uns nicht nur als philosophischer Schriftsteller einen Namen gemacht, sondern war auch als Maler und Bildhauer weit über die Grenzen seines Heimatlandes hinaus bekannt geworden. Speziell seine Bilder sind einzigartig in ihrer Ausführung – ebenso jedoch seine Kochkünste! Ganz nebenbei ist er auch noch ein phantastischer Koch, der aus allem, was er in der Küche findet, die herrlichsten Mahlzeiten zaubern kann. Von ihm erhielt ich einige meiner leckersten Rezepte, wie zum Beispiel Pakora, Samosas und viele andere indische Spezialitäten!

Kitchri (aus Indien)

2 Tassen Linsen, 2 Tassen Reis, 1 gehackte Zwiebel, 2 EL Öl, 1 TL Salz, 1 TL Koriander, 1 TL Kurkuma, 1 Becher Joghurt

Die Linsen am Abend vorher in reichlich Wasser einweichen. Zwiebeln im heißen Öl glasig dünsten, Reis und Linsen hinzugeben, würzen und mit etwa 7 Tassen Wasser auffüllen. Mit geschlossenem Deckel bei kleiner Hitze 30–40 Minuten kochen lassen und gelegentlich umrühren, damit nichts anbrennt. Vor dem Servieren je nach Geschmack Joghurt mit dem Kitchri vermengen und extra servieren. Natürlich schmeckt auch Buttermilch oder Kefir dazu.

Pakora

2 Tassen Kichererbsenmehl, 1 TL Kurkuma, 1 TL Koriander, 1 TL Cuminpulver, 1 TL Oreganosamen, 1 TL Salz, ½ TL Ingwerpulver, ca. 1½ Tassen Wasser, nach Belieben verschiedenes Gemüse wie z.B. Zwiebeln, Paprika, Auberginen, Karotten, Kartoffeln oder auch Käse, Butterschmalz oder Kokosfett zum Ausbacken

Das Kichererbsenmehl in eine Schüssel sieben, in die Mitte eine Vertiefung drücken und die Gewürze hineingeben. Gut vermengen und mit dem Wasser zu einer flüssigen Paste verrühren. Mit einem Schneebesen oder dem Mixer cremig schlagen. Der Teig sollte flüssig und locker bleiben. Das Gemüse waschen, putzen und in dünne Scheiben schneiden oder raspeln und dem Teig beifügen.
In heißem Fett eßlöffelgroße Portionen schwimmend ausbacken und warm mit etwas Zitronensaft, Chutney oder Mixed Pickles servieren.

Samosas

(Fritierte Pasteten mit Kartoffelfüllung)

Für den Teig: 2 Tassen feines Weizenmehl, 1 TL Oreganosamen, 1 TL Salz, 3 EL Butter oder Kokosöl, ca. ½ Tasse Wasser

Für die Füllung: 2 große gekochte Kartoffeln, ½ TL Salz, ¼ TL Kurkuma, ¼ TL Mangopulver, ½ TL Koriander, ¼ TL Currypulver, 1 EL Kokosöl

Zuerst die Füllung zubereiten: Die gekochten Kartoffeln noch heiß zu Brei zerdrücken und mit den Gewürzen gut vermengen. In einer Pfanne mit etwas heißem Öl unter ständigem Rühren gut durchbacken lassen.
Das Weizenmehl mit Oreganosamen, Salz und Kokosnußöl zu einer flockigen Masse zerreiben und anschließend mit etwas Wasser zu einem glatten Teig kneten.
Etwas Teig zwischen den Händen zu einem Bällchen formen, auf einem bemehlten Brett zu einer Platte von etwa 9 cm ausrollen und halbieren. Schnittkanten mit etwas Wasser anfeuchten und die Ecken so übereinander legen, daß eine kegelförmige Tasche entsteht. Die Kartoffelmasse mit einem Teelöffel hineinfüllen, die Teigtaschen ebenfalls etwas anfeuchten und gut schließen.
In heißem Fett schwimmend fritieren, bis die Pasteten goldbraun sind. Warm mit frischem Salat, Joghurt und Mixed Pickles servieren.

Linsen-Bällchen im Tomaten-Zwiebel-Eintopf

1 Tasse Linsen, 6 Tomaten, 6 Zwiebeln, 3 EL Butterschmalz oder Olivenöl, 4 zerdrückte Knoblauchzehen, 1 rote Bete, 2 TL Salz, 2 TL Kurkuma, 2 TL Koriander, 4 Lorbeerblätter, pro Person je 2 schwarze Pfefferkörner und 1 Nelke, 1 Prise Ingwerpulver

Linsen am Abend vorher in Wasser einweichen. Dann das Wasser abgießen und die Linsen im Mixer pürieren. In einer großen Pfanne bei mäßiger Hitze und unter ständigem Rühren die Flüssigkeit des Linsenpürees verdampfen lassen. Mit etwas Salz und einem Teelöffel Kurkuma würzen und die nunmehr teigähnliche Paste abkühlen lassen. Dann aus der Masse kleine Bällchen formen und beiseite stellen.
Die Zwiebeln würfeln und im heißen Fett goldgelb dünsten, Tomaten häuten und zerdrücken und zusammen mit dem Knoblauch zu den Zwiebeln geben. Die rote Bete waschen, schälen und feingeraspelt

beifügen. Das Ganze etwa 20 Minuten köcheln lassen. Dann die Linsenbällchen mit dem restlichen Salz, Kurkuma, Koriander sowie den übrigen Gewürzen dazugeben und weitere 15 Minuten leise kochen lassen. Dazu gibt es Reis.

Paella (aus Spanien)

1–2 Paprikaschoten, 2–3 gehackte Zwiebeln, 2 Tassen Reis, 4 EL Öl, 2–3 zerdrückte Knoblauchzehen, 4 gehäutete und gewürfelte Tomaten, ½ Gurke, 3 Stangen Sellerie, 1 EL gehackte Petersilie, 1 EL Majoran, ½ Tasse gehackte Cashewnüsse, 250 g Champignons, Salz, Pfeffer, 50 g geriebener Käse und 1 Handvoll entkernte Oliven zum Garnieren

Paprika waschen, entkernen, würfeln und zusammen mit den Zwiebeln im heißen Öl glasig dünsten; Reis beifügen, dazu fünf Tassen Wasser für zwei Tassen Reis, dann die Tomaten, die geschälte und gewürfelte Gurke und den kleingeschnittenen Sellerie. Mit einem Teelöffel Salz, Majoran und etwas frischgemahlenem schwarzen Pfeffer das Ganze würzen. Champignons putzen, in Scheiben schneiden und in einer separaten Pfanne kurz dünsten und unter die fertiggegarte Reis-Gemüsemischung mengen, ebenso die gehackten Nüsse. Nach 30 Minuten Kochzeit eventuell nachwürzen. Vor dem Servieren mit Petersilie und Oliven garnieren. Käse entweder auch darüberstreuen oder extra dazustellen.

Karotten mit Kraut und Blumenkohl

4 große Karotten, ½ Blumenkohl, ½ Kopf Weißkraut, 3 EL Butterschmalz, 1 TL Salz, 3–4 zerdrückte Knoblauchzehen, 1 kleine getrocknete Pfefferschote, 1 TL Korianderpulver, 2 EL gehackter Dill

Gemüse putzen, schneiden und im Butterschmalz dünsten. Knoblauch, Pfefferschote (geschnitten) und Gewürze daruntermengen und bei geschlossenem Deckel weiter garen lassen. Gegen Ende der Garzeit Deckel abnehmen und Flüssigkeit verdunsten lassen. Mit Dill bestreuen.

Wirsing-Eintopf für kalte Tage

1 Wirsingkopf (mittelgroß), 2 rote Bete, 3 Kartoffeln, 2 EL Butterschmalz, 3 zerdrückte Knoblauchzehen, ¼ l Tomatensaft, ½ getrocknete Pfefferschote, 1 TL Salz, 6–8 Pfefferkörner, 1 Prise Nelkenpulver, 1 TL Curry, ⅛ l Sahne

Die gewaschenen Wirsingblätter in feine Streifen schneiden, Kartoffeln und rote Bete schälen und nacheinander raspeln. In einem großen Topf Butterschmalz erhitzen und die feinzerkrümelte Pfefferschote und die Knoblauchzehen kurz andünsten. Das Gemüse beifügen und mit Tomatensaft aufgießen. Salz, Pfefferkörner und Curry darunterrühren und etwa 20 Minuten garen lassen. Zum Schluß mit einer Prise Nelkenpulver abschmecken und die frische Sahne daruntermischen.

»Vegetiner« Gulasch

750 g Sauerkraut, 1 Päckchen Sojamark oder Sojawürfel, 1 gehackte Zwiebel, 2 EL Butterschmalz, 1 TL Salz, frischgemahlener Pfeffer, ½ TL Kümmel, 2 EL Hefeflocken, ⅛ l süße Sahne

Zwiebel in heißem Fett goldbraun dünsten, Sauerkraut und Sojawürfel dazugeben und mit etwas Wasser auffüllen. Salz, Pfeffer und Kümmel daruntermengen und alles 15–20 Minuten dünsten lassen. Sobald Sojawürfel und Sauerkraut ganz weich sind, Hefeflocken und Sahne darunterrühren und nochmals abschmecken. Dazu passen alle Kartoffelspeisen.

Tomaten

Tomaten

Berlin 1957. Der erste Filmball meines Lebens steht mir bevor. Die Sache hat nur einen Haken. Außer einem braunen Tweedrock, einer weißen Bluse und einer grünen Strickjacke besitze ich nichts zum Anziehen. Nicht gerade das richtige für einen glanzvollen Ball. Was tun? Kein Abendkleid, kein Geld – also leihen! Schüchterne Anfragen bei »Kolleginnen« erbringen nichts als Niedergeschlagenheit und Verzweiflung. Die großen Stars der fünfziger Jahre brauchen ihre Glitzerklamotten selbst und wimmeln mich leicht irritiert und belästigt ab. Wer bin ich schon? Ein schüchternes 17jähriges Etwas, vom ewig-suchenden, emsig-entdeckenden und fördernden Berliner Filmzar Atze Brauner vor kurzem hoffnungsvoll an den grellblinkenden Sternenhimmel der Flimmerillusionen katapultiert. Eine eventuell drohende Konkurrenz. Sonst nichts. Niemand, der einem Vorteile einbringen könnte, also auch niemand, dem man ein Abendkleid borgen muß.
Im letzten Moment half mir dann Ingrid, damalige Ehefrau von Claus Biederstaedt, aus der Patsche. Sie bot mir spontan ihre Hilfe, d. h. ihr einziges Abendkleid und die dazugehörigen Schuhe an. Überglücklich zog ich mich bei ihr um und entschwand in Richtung Filmball.
Dort war es heiß, voll und laut. Außerdem gab es ein riesiges, luxuriöses kaltes Buffet, auf dem ich außer mayonnäsigem Kartoffelsalat und ein paar müden Salatblättern nichts entdeckte, das ein schüchternes Vegetarierherz hätte erfreuen können. So blieb ich denn hungrig, jedoch nicht allein. Man reichte Brauners neueste Neuentdeckung interessiert von Tisch zu Tisch, und nachdem ich meinen gebührenden Anteil an Lächeln, Tanzen und Blablabla zum Ball beigesteuert hatte, entschwand ich heimlich und todmüde mit einem Taxi.
Der Morgen graute bereits, und nach einem Blick in meine Handtasche graute mir auch. Ich fand nämlich meine Schlüssel nicht mehr! Die mußte ich wohl vor lauter Aufregung bei Ingrid liegengelassen haben.

Hoffentlich. Ein gähnender Taxichauffeur brachte mich gleichmütig zu Biederstaedts Wohnung, aber ich wagte nicht zu klingeln. Schließlich war es erst halb fünf Uhr morgens. Ein zum Glück wolkenloser Sommermorgen begann sich gerade zaghaft zwitschernd über Berlin auszubreiten. Ich zog die Ballschuhe aus und schlich hinters Haus in den dazugehörigen Garten. Sank erschöpft auf eine Bank und entdeckte zu meinem größten Entzücken an der Gartenmauer Tomatenstauden. Das unmißverständliche Knurren meines Magens erinnerte mich heftig daran, daß ich die ganze Nacht nichts gegessen hatte, und so kam es, daß ich an einem lauen Sommermorgen früh um fünf in einem wildfremden Berliner Garten barfuß, im geliehenen langen weißen Tüllkleid hockte und geklaute Tomaten verschlang.
Nach diesem etwas einseitigen Frühstück sackte ich erschöpft zusammen und schlief ein. So fand mich dann zwei Stunden später Ingrid und erweckte mich mit frischem Kaffee wieder zum Leben. Wegen meiner Tomatengier pflaumt sie mich noch heute an und serviert mir bei jedem Besuch als erstes eine Tomatenstulle!

Tomatensteckbrief

Sehr vitaminhaltig, besonders die Vitamine C und A, enthält wertvolle Mineralien. Die Tomate gehört zu den vielseitigsten Gemüsesorten. Ihre Variationsmöglichkeiten sind enorm und durch die frische rote Farbe kann man sie roh oder gekocht fast zu jedem Gericht verwenden. Eine wirklich gute Tomate ist sonnengereift und saftig und stammt natürlich von einer ungespritzten Pflanze.
Ihr Ursprungsland sind eigentlich die Anden. Dort entdeckte der unermüdliche Christoph Columbus die nur etwa kirschgroßen Früchte und brachte sie als exotische Zierpflanze 1498 nach Europa.
Die Engländer waren die ersten, die Mitte des 17. Jahrhunderts entdeckten, daß die Tomate nicht nur attraktiv, sondern auch sehr gesund war,

und verpaßten ihr daher den Beinamen Paradies- oder auch Liebesapfel. In Österreich heißen die Tomaten ja noch heute »Paradeiser«.
Mitte des 18. Jahrhunderts begann man das hübsche Pflänzchen endgültig zu kultivieren, und es erhielt durch unendlich viele Züchtungen langsam seine heutigen Formen.
Die flaschenförmigen Tomaten werden fast ausschließlich in Italien angebaut und dort gleich nach der Ernte in Dosen konserviert oder zu Tomatenmark verarbeitet.
Die runden, glatten Kugeltomaten wachsen fast in jeder Gegend und eignen sich besonders gut zum Rohessen.
Schließlich gibt es noch die riesigen Fleischtomaten, die sich durch ihren intensiven Geschmack und die Ergiebigkeit besonders für alle warmen Gerichte eignen.
Lediglich die kleinen Zwergtomaten erinnern durch ihre Form noch an den Ursprung. Aber auch sie haben sich im Geschmack stark verändert und sind heute wegen ihres süßen Aromas bei Kennern besonders beliebt.

Tomaten mit Mozarella und Basilikum

4 große Fleischtomaten, 4 Mozarella, 6 EL Olivenöl, Salz, Pfeffer, Kräuteressig, 1 Bund frische Basilikumblätter

Die Tomaten mit heißem Wasser überbrühen und häuten. Tomaten und Mozarella in Scheiben oder Würfel schneiden und mit einer pikanten Marinade aus Olivenöl, Salz, Pfeffer und Essig übergießen. Die gewaschenen Basilikumblätter entweder im Ganzen oder grob zerteilt daruntermengen. Schmeckt köstlich! An einem heißen Sommertag kann dieser Salat spielend eine ganze Mahlzeit ersetzen. Gelegentlich ersetze ich auch die Öl- und Essigmarinade durch eine Sauerrahm- oder Joghurtsauce und streue noch tüchtig Dill darüber.

Rohes Tomatenpüree

1 kg Tomaten, 1 TL Salz, ⅛ l süße Sahne, 3–4 zerdrückte Knoblauchzehen, 2 EL gehacktes frisches Basilikum, 1 kleine Zwiebel

Tomaten überbrühen, häuten und im Mixer pürieren. Salz, Knoblauch und Basilikum darunterrühren und die Zwiebel hineinreiben. Geschlagene oder flüssige Sahne zugeben und mit Kartoffeln, Nudeln oder Reis servieren. Ohne Sahne auf nüchternen Magen ein idealer »Darmputzer« bei Wurmerkrankungen.

Tomatencocktail

4 Tomaten, 1 Orange, 1 Karotte, ⅛ Sellerieknolle, 1 EL Distelöl, 1 TL Zitronensaft, Worcestersauce, Kräutersalz nach Belieben

Im Entsafter aus Tomaten, Orange, Sellerie und Karotte einen Vitamincocktail mixen und mit den übrigen Zutaten abschmecken. Schmeckt gut und ist obendrein gesund.

Tomatensauce »Sorengo«

5 große Tomaten, 1 Zucchini, 2 gehackte Zwiebeln, 3 EL Olivenöl, ¼ l Tomaten- oder Gemüsesaft, 50 g Soja-Vita, 100 g Champignons, je ½ TL Oregano, Rosmarin, Salz, 1 Messerspitze Pfeffer, 1 EL Zitronensaft, 1 Prise Zucker, 3 EL gehackte Petersilie, 100 g Gervaiskäse

Tomaten und Zucchini schälen und so klein wie möglich hacken. Die Champignons putzen, schälen, in Scheiben schneiden und mit Zwiebeln im heißen Öl goldgelb dünsten, dann Tomaten und Zucchini zugeben. Tomatensaft und die Gewürze darunterrühren und 15–20 Minuten köcheln lassen. Etwas abkühlen lassen, dann Zitronensaft und den zerbröckelten Gervais beifügen und mit Petersilie bestreuen.

Tomatenauflauf mit Pfannkuchen

Für den Teig: 100 g Vollkornmehl, ¼ l Milch, 2 Eier, 1 Prise Salz, Butterschmalz
Für die Füllung: 4 große Fleischtomaten, 2 gehackte Zwiebeln, 2 EL Tomatenmark, 4 EL Soja-Vita, 1 TL Knoblauchsalz, 100 g geriebener Käse, Butterschmalz

Zuerst wird die Füllung gemacht: Zwiebeln in heißem Fett goldgelb dünsten. Gehäutete, kleingeschnittene Tomaten zugeben und das Soja-Vita darunterrühren. Ca. 15 Minuten köcheln lassen, dann mit Tomatenmark und Knoblauchsalz würzen. Soviel Flüssigkeit verdunsten lassen, bis eine dickflüssige Paste entstanden ist.
Aus Mehl, Milch, Eiern und Salz Pfannkuchenteig anrühren und in einer Pfanne mit heißem Fett dünne Pfannkuchen ausbacken.
In eine gefettete Auflaufform abwechselnd Pfannkuchen und Tomaten-Sojabrei schichten und mit einer dicken Schicht geriebenem Käse abschließen. Im vorgeheizten Rohr bei 220° C 20 Minuten überbacken.

Paprikatomaten mit Nußbutter

2 grüne Paprikaschoten, 4 große Tomaten, 1–2 Gemüsezwiebeln, 2 EL Erdnußöl, 2 EL Erdnußbutter, 1 TL Salz, 2 zerdrückte Knoblauchzehen, ½ TL Ingwerpulver, etwas Tabascosauce zum Nachwürzen, 1 Sträußchen Dill

Paprikaschoten waschen, halbieren, entkernen und in Streifen schneiden. Die Zwiebeln kleingehackt im heißen Öl glasig dünsten. Dann die Paprikastreifen dazugeben und ein paar Minuten mit den Zwiebeln braten lassen. Tomaten häuten, würfeln und dazugeben. Die Gewürze darunterrühren und bei geschlossenem Deckel ca. 10 Minuten dünsten lassen. Zum Schluß Erdnußbutter beifügen und mit frischem Dill bestreuen.

Tomaten-Joghurt-Schüssel
(ideal für heiße Tage)

4–6 große Tomaten, 4 EL Sonnenblumenöl, 4 EL gehackte Petersilie, 1 TL Kräutersalz, 1 TL Zitronensaft, 3 zerdrückte Knoblauchzehen, 2 Becher Joghurt, 4 gewürfelte Tartex-Frikadellen

Die Frikadellenwürfel in etwas Fett knusprig braten. Anschließend Tomaten häuten und in Scheiben oder Würfel schneiden. Aus den restlichen Zutaten eine pikante Sauce anrühren und über die Tomaten gießen. Dazu Pellkartoffeln oder Brot und Käse.

Arabischer Tomatensalat

4 Fleischtomaten, 2 Schalotten, 2 Orangen, 1 Handvoll schwarze Oliven, 3 EL Olivenöl, 1 EL Zitronensaft, Salz, Pfeffer

Zuerst aus Öl, Salz, Pfeffer und Zitronensaft eine Salatmarinade anrühren. Tomaten häuten und vierteln, Schalotten kleinschneiden, Orangen schälen und in kleine Stückchen zerteilen. Über das Ganze die Salatsauce gießen und dann mit Oliven garnieren.

Tomaten-Zwiebel-Brötchen

1 kg Weizenvollkornmehl, 1 Päckchen Cenovis Tomatensuppe, 4 Zwiebeln, 3 EL Butterschmalz, 2 Päckchen Hefe, 1 TL Zucker, ¼ l Milch, ¼ l Wasser, ½ TL Rosenpaprika, etwas Öl zum Bepinseln

Aus Hefe, Zucker, warmem Wasser und etwa ⅓ des Mehls einen Teig anrühren und 30 Minuten gehen lassen. Dann das Suppenpulver, Mehl und Milch zugeben und einen Teig kneten. Zwiebeln hacken und im heißen Fett goldbraun dünsten, ebenfalls in den Teig kneten. Teig so lange kneten, bis er nicht mehr klebt. 30 Minuten ruhen lassen. Kleine runde Brötchen formen, mit Öl bepinseln und etwas Paprikapulver bestreuen. Im vorgeheizten Backrohr 30 Minuten bei 225°C backen.

Spinat-Tomaten

4 große Fleischtomaten, 1 gehackte Zwiebel, 1 EL Butterschmalz, 2 zerdrückte Knoblauchzehen, 1 Päckchen Tiefkühlspinat, 2 EL gehackte Walnüsse, 3 EL Sahne, Kräutersalz

Die Tomaten köpfen und vorsichtig aushöhlen. Zwiebel im heißen Fett glasig dünsten, das Innere der Tomaten zugeben und mit Knoblauch und Kräutersalz würzen. Gehackten, aufgetauten Spinat darunterrühren und 10 Minuten köcheln lassen. Dann Sahne und Walnüsse beifügen und die Masse in die ausgehöhlten Tomaten füllen. Deckel aufsetzen und im Backrohr 15 Minuten bei 225° C backen lassen.

Provençalische Tomaten

4 große Tomaten, 1 Zwiebel, 1 Tasse Semmelbrösel, 2 EL gehackte Petersilie, 2 TL gehacktes Basilikum, 2 zerdrückte Knoblauchzehen, 2 EL Parmesankäse, 2 EL Olivenöl, Salz, Pfeffer

Die Tomaten waschen, »köpfen«, vorsichtig das Fruchtfleisch mit einem Löffel auskratzen und zerdrücken. Die Zwiebel schälen, kleinschneiden und im heißen Öl goldbraun dünsten. Semmelbrösel dazugeben, kurz rösten und dann mit Kräutern, Gewürzen und Parmesan vermengen. Nicht zu viel Fett nehmen, die Masse muß bröselig bleiben. Tomaten mit dieser Mischung füllen, Deckel drauflegen und in eine feuerfeste gefettete Form setzen. Im vorgeheizten Backrohr bei 180° C 30 Minuten garen.

Jamaica Tomaten mit Oliven

4 große Tomaten, 1 gehackte Zwiebel, 2 EL Öl, ½ grüne Paprikaschote, 1 Tasse entkernte Oliven, 2 EL Bierhefeflocken, 2 EL zarte Haferflocken, ½ TL Koriander, ½ TL Oregano, Salz, Pfeffer

Die Spitze der gewaschenen Tomaten abschneiden und das Fruchtfleisch herauslösen. Zwiebeln im Öl glasig dünsten, Haferflocken dazurühren und vom Herd nehmen. Die halbe Paprikaschote sowie die Oliven so klein wie möglich würfeln, mit dem Rest vermengen und Kräuter und Gewürze dazugeben. Die Masse in die ausgehöhlten Tomaten füllen und bei 180°C ca. 30 Minuten im Rohr überbacken.

Tomatenreis

2 Tassen Reis, 1 EL Butter, 1 kleine gehackte Zwiebel, 5 Tassen Wasser, 1 Würfel Gemüsebrühe, 4 große Tomaten, 1 Bund Petersilie, Kräutersalz, 2 EL Weizenkleie, 2 EL Bierhefeflocken, ¼ l Sauerrahm oder Joghurt, 50 g geriebener Emmentaler

Die Zwiebel in der heißen Butter glasig dünsten, Reis dazugeben und mit Wasser und Gemüsebrühwürfel oder Frugola auffüllen. 20 Minuten bei geschlossenem Deckel kochen lassen, dann die gehäuteten und im Mixer zerkleinerten Tomaten beifügen, umrühren und weiterdünsten lassen, bis der Reis gar ist. Mit Kräutersalz nachwürzen und Weizenkleie, Hefeflocken, Joghurt und Käse darunterrühren. Zum Schluß mit reichlich gehackter Petersilie bestreuen.

Spanische Tomatenpfanne

8 Tomaten, 200 g Phagschnitten oder Sojazart, 2 Zwiebeln, 2 EL Butterschmalz, 1 Paprikaschote, ½ Tasse entkernte Oliven, 2 Tassen vorgekochten Reis, ¼ l Gemüsebrühe, je ½ TL Oregano, Thymian, Basilikum, Rosmarin, Salz und Pfeffer, 2–3 zerdrückte Knoblauchzehen

Tomaten häuten und würfeln. Zwiebeln schälen, schneiden und im Butterschmalz oder Olivenöl dünsten. Tomaten dazugeben und schmoren lassen. Paprikaschote waschen, entkernen und in feine Streifen schneiden. Mit Knoblauch, den Gewürzen und den kleingeschnittenen Oliven in die Pfanne geben und mit Reis und dem gewürfelten Sojazart vermischen. Gemüsebrühe zugießen und 15 Minuten köcheln lassen.

Knoblauchtomaten

4–6 mittlere Tomaten, 3 EL Olivenöl, 4–6 Knoblauchzehen, Salz, 1 TL Korianderpulver, 3 EL geriebener Cheddarkäse, 1 EL gehackte Petersilie

Tomaten waschen, halbieren und dick mit Olivenöl bestreichen. Etwas salzen und mit kleingehacktem Knoblauch bestreuen. Im vorgeheizten Rohr bei 200° C ca. 20 Minuten überbacken. Gegen Ende der Garzeit mit einer Mischung aus Käse, Koriander und Petersilie bestreuen und nochmals kurz überbacken lassen.

Griechischer Tomatentopf

8 Tomaten, 2 gehackte Zwiebeln, 3 EL Olivenöl, 2 zerdrückte Knoblauchzehen, 2 Auberginen, 200 g Soja-Vita, 1 Ei, 200 g Magerquark, 200 g gekochte, zerstampfte Kartoffeln, 2 EL Vollkornmehl, 1 EL gehackte Petersilie, Pfeffer, Salz

Tomaten häuten und kleinschneiden. Auberginen waschen, in Scheiben schneiden, würzen und in etwas Öl von beiden Seiten knusprig braten. Auf Küchenpapier Fett aufsaugen lassen. In der Zwischenzeit Zwiebeln ebenfalls anbraten, das eingeweichte Soja-Vita dazugeben und mit den Tomaten vermengen. Quark, Kartoffeln, Mehl und Ei zu einem festen Teig kneten, in dicke Scheiben schneiden und in der Größe der Auflaufform ausrollen. Die Form ausfetten und schichtweise Tomatenmischung, Auberginen und Kartoffelquarkteig hineingeben. Mit dem Kartoffelteig abschließen und im vorgeheizten Rohr bei 220° C 30 Minuten überbacken. Vor dem Servieren mit frischer Petersilie bestreuen.

Grüne Bohnen mit Tomaten

500 g Tomaten, 500 g Bohnen, 1 Zwiebel, 2 EL Butterschmalz, 1 TL Basilikum, 1 TL Bohnenkraut, 1 TL Salz, Pfeffer, 100 g Cheddarkäse

Zwiebel schälen, kleinschneiden und im Fett glasig dünsten. Bohnen ein- bis zweimal schräg durchschneiden, dazugeben und kurz anbraten. Tomaten häuten, zerkleinern und unter die Bohnen mengen. Kräuter und Gewürze dazugeben und bei geschlossenem Deckel ca. 15 Minuten dünsten lassen. Sobald die Bohnen gar sind, eventuell nachwürzen und den geriebenen Cheddarkäse teils daruntermischen, teils darüberstreuen.

Schweizer Käsetomaten

4–6 große Tomaten, 250 g Blattspinat, 1 Zwiebel, 1 Becher Hüttenkäse, 150 g Gruyère-Käse, 2 EL Bierhefeflocken, 2 EL Pinienkerne, 1 EL Butterschmalz, Salz, Pfeffer

Zuerst die Zwiebel kleinschneiden und glasig dünsten. Spinat dazugeben, zugedeckt dünsten lassen. Tomaten halbieren, mit einem Teelöffel das Fruchtfleisch herausholen, dies zerdrücken und zum Spinat geben, Hüttenkäse und Gruyère (gewürfelt) mit den Hefeflocken ebenfalls. Pinienkerne in einer trockenen Pfanne rösten und mit Salz und Pfeffer mit den anderen Zutaten mischen. Die Tomatenhälften damit füllen, mit etwas geriebenem Gruyèrekäse bestreuen und in eine gefettete feuerfeste Form setzen. Bei 180°C ca. 20–30 Minuten im vorgeheizten Rohr überbacken und mit Rösti servieren.

Tessiner Tomatenpfanne

2 Zwiebeln, 4–6 große Tomaten, 2 EL Öl, 4 Eier, 1 TL Basilikum, 1 TL Oregano, Salz, Pfeffer, 1 EL gehackte Kräuter

Die Zwiebeln hacken und im Fett goldgelb dünsten. Tomaten häuten, in Scheiben schneiden und dazugeben. Salz, Pfeffer und die Gewürze beifügen und bei geschlossenem Deckel 10 Minuten leicht kochen lassen. Dann die vier Eier nacheinander wie Spiegeleier in das Tomatengemüse setzen, Deckel wieder schließen und 10 Minuten stocken lassen. Eventuell nachwürzen und mit frischen Kräutern bestreuen.

Tomatenketchup

500 g Tomaten oder eine Dose italienische Tomaten, 1 kleine Dose Tomatenmark, Salz, Pfeffer, ½ TL Koriander, 1 TL italienische Gewürzmischung, 1 Messerspitze Ingwer, 1 großer Bund Basilikum, 2 EL Honig

Tomaten häuten, in Stücke schneiden und durch ein Sieb abtropfen lassen. Bei Tomaten aus der Dose ebenfalls die Flüssigkeit abgießen. Tomatenmark, Honig, Pfeffer, Gewürzmischung, Salz, Ingwer, Koriander und kleingeschnittenes Basilikum mit den Tomaten in den Mixer geben und ein paar Minuten auf der höchsten Stufe pürieren. Schmeckt delikat zu allen möglichen Gerichten und viel besser als ein Fertigprodukt.

Reistomaten mit Pinienkernen

4 große Tomaten, 1 Zwiebel, 1 TL Salz, 1 Messerspitze Pfeffer, 3 EL Öl, 1 EL Rosinen (ungeschwefelt), ½ Tasse Reis, 1 EL gehackte Petersilie, 2 EL Pinienkerne, 1 EL Semmelbrösel, 1 Tasse Wasser

Tomaten »köpfen« und vorsichtig aushöhlen. Die Zwiebel hacken und in Öl goldgelb dünsten, den Reis dazugeben, ebenso das Tomateninnere, die Hälfte von Salz und Pfeffer, dazu die Rosinen. Mit Wasser auffüllen und ca. 15 Minuten weich dünsten. Die ausgehöhlten Tomaten mit dem Rest von Salz und Pfeffer bestreuen. Die gedünstete Reismasse mit den Pinienkernen und der Petersilie vermengen und in die Tomaten einfüllen. Deckel drauflegen und mit dem restlichen Öl bestreichen. Semmelbrösel darüberstreuen und 30 Minuten bei 200°C überbacken. Kann kalt oder warm gegessen werden.

Italienisches Tomatengemüse mit Zucchini

2 mittelgroße Zucchini, 2 Zwiebeln, 2 EL Öl oder Margarine, 1 Tasse Tomatensaft, 3 große Tomaten, ¼ TL Basilikum, ¼ TL Oregano, 1 TL gehackte Petersilie, Salz, Pfeffer, 1 Tasse geriebener Parmesankäse

Zucchini waschen und mit der Schale würfeln. Die Zwiebeln kleinschneiden, im heißen Fett goldgelb braten und mit dem Tomatensaft aufgießen. Zucchiniwürfel dazugeben und ca. 10–15 Minuten unter häufigem Umrühren garen lassen. Die überbrühten, gehäuteten Tomaten kleinschneiden und gegen Ende dazugeben. Die Gewürze und die Petersilie darunterrühren und mit Salz und Pfeffer abschmecken. Vor dem Servieren mit Parmesankäse bestreuen.

Die beste Tomatensuppe habe ich nicht etwa in Sizilien oder Italien gegessen, sondern bei meiner Freundin Erna in Germering. Ihre Suppe ist so gut, daß man gleich Sehnsucht nach dem sonnigen Süden kriegt! Probieren Sie doch mal!

Sizilianische Tomatensuppe à la Erna

6 große Tomaten, 2 Zwiebeln, 3 EL Olivenöl, 1 TL Oregano, 1 Knoblauchzehe, 1 TL Basilikum, 1 TL Rosmarin, 1 Prise Zucker, ¾ l Wasser, 1 TL Salz, 1 Messerspitze Pfeffer, etwas Tabascosauce, 2 EL gehackte Petersilie, reichlich Parmesankäse

Tomaten häuten und würfeln. Zwiebeln hacken und im heißen Öl glasig dünsten. Tomaten dazugeben, mit allen Zutaten würzen und ca. 15 Minuten leicht kochen lassen. Mit Wasser aufgießen, nochmals abschmekken und mit Petersilie und Parmesankäse bestreut servieren.

Pilze

Pilze

Während meiner Kindheit gab es zu Hause überhaupt keine Pilze und ich rührte auch vorsichtigerweise im Wald keinen an. Meine Mutter hatte einst in jungen Ehejahren begeistert zwei große Körbe voll gepflückt und klugerweise zur Pilzberatung gebracht. Das Urteil war vernichtend: Alles giftig! Mit nachtwandlerischer Sicherheit war es ihr gelungen, alle eßbaren Pilze im Wald zurückzulassen. Seither flößte ihr jeder Pilz Mißtrauen ein, und sie umgab ihn vorsichtshalber mit einem »Er könnte ja giftig sein«. So etwas färbt natürlich ab, und erst als ich mich unsterblich verliebte, erwachte mein Pilzinteresse und ich sah die Früchte des Waldes plötzlich mit ganz anderen Augen. Mein Angebeteter war nämlich ein ausgemachter Pilznarr, der leidenschaftlich gern stundenlang durch Wälder und Auen streifte. Da waren Mutters fürsorgliche Bedenken schnell verflogen, gegessen wurde, was *er* fand! Am Anfang hatte ich keine Ahnung, was mein Schatz da so heimbrachte, aber da ich in meiner glühenden Liebe sowieso jeder Zeit bereit gewesen wäre, mit ihm zu sterben, war das auch ziemlich egal; ich dünstete bedenkenlos alles was er mir auf den Tisch legte. Mit der Zeit wurde das natürlich ein bißchen langweilig, und ich begann unter seiner Anleitung zu experimentieren. Pilze sind eine großartige Bereicherung für jede Küche und können bei fast jedem Gericht Verwendung finden. Ihr Nährwert ist zwar relativ gering, dafür ist der Geschmack, speziell von frischen Waldpilzen, unvergleichlich. Natürlich hat nicht jeder einen Wald vor der Tür stehen, und die meisten Stadtbewohner müssen sich ein Leben lang mit dem begnügen, was die Geschäfte anbieten. Aber *wenn* Sie in die Nähe eines Waldes kommen, dann sollten Sie nicht vergessen, einen Korb und ein Messer mitzunehmen. Pilze sammeln ist spannend und bietet ganz neue Perspektiven. Für Anfänger und Kinder habe ich eine ganz einfache Regel parat. Erst mal Hände weg von weißen und roten Pilzen! Und im übrigen immer ein Pilzbuch mitnehmen. In allen Zweifelsfällen eine Pilzberatungsstelle aufsuchen. Ich habe Ihnen hier meine schönsten

Pilzgerichte aufgeschrieben, vielleicht kann ich Ihnen eine ähnliche Begeisterung vermitteln wie mir damals mein pilznärrischer Traummann. Sollten Sie aber von ähnlichen Bedenken wie mein Mütterchen geplagt werden, dann kaufen Sie doch die Pilze auf dem Markt, oder machen sie einfach eine Champignonbüchse auf. Das habe ich schließlich auch jahrelang getan.

Der Samtfußrübling

Wenn ich an Samtfußrüblinge denke, dann denke ich gleichzeitig an den Winter, an endlose Spaziergänge durch verschneite Auwälder, an kalte Hände und tropfende Nasen. Nur der eigene Schritt auf weichem, schneebedecktem Boden ist zu hören. Fürwahr, ein besonderes Vergnügen, Pilzjagd im Winter! Der Samtfußrübling, mit orangegelbem Hut und samtbraunem Stiel ist unverwechselbar und wächst besonders gern und zahlreich in der Nähe von Flüssen und Bächen. Dort sucht er sich alte Weiden-, Eschen- oder auch Erlenstümpfe und verbreitet sich mit Vorliebe büschelweise. Er ist ein echter Winterpilz, dem auch kurze Frostperioden nichts ausmachen. Mit ein bißchen Glück können Sie ihn sogar im Park an morschen Bäumen finden. Je nach »Beute« gibt's dann bei mir mitten im Winter ein frisches Pilzsüppchen oder auch ein großes Samtfußrüblings-Essen.

Samtfußrüblings-Gericht

1 kg Samtfußrüblinge, 3 gehackte Zwiebeln, 3 EL Butterschmalz, 3 Karotten, 1 kleines Päckchen Erbsen, 1 TL Salz, 1 TL Koriander, 1 TL Zitronensaft, 1 Bund Petersilie, 1 Bund Dill, etwas frischgemahlener schwarzer Pfeffer, ⅛ l Sauerrahm

Die Samtfußrüblinge sorgfältig putzen, zerteilen und waschen. Stiele werden grundsätzlich nicht mitverwendet. Zwiebeln im heißen Fett goldgelb dünsten, Pilze zugeben sowie Erbsen und geraspelte Karotten. 10 Minuten mit geschlossenem Deckel garen lassen, anschließend Deckel abnehmen und weitere 15–20 Minuten schmoren lassen, damit die Flüssigkeit verdampfen kann. Mit Zitronensaft und den übrigen Gewürzen abschmecken, gehackte Kräuter und Sauerrahm unterziehen und mit knusprigen Bratkartoffeln servieren.

Pilzklößchen

500 g Champignons, 1 gehackte Zwiebel, 2 EL Butterschmalz, 1 Ei, 1 EL Sojamehl, 1 EL Weizenkleie, 1 EL Hefeflocken, Semmelbrösel, 1 Bund Petersilie, Salz, Streuwürze, Pfeffer, 1 l Gemüsebrühe oder Frugola

Champignons putzen und feinschneiden. Dann Zwiebel und Pilze in heißem Fett glasig dünsten und anschließend durch ein Sieb oder eine Presse drücken. Die Masse mit einem Ei, gehackter Petersilie, Salz und Pfeffer vermengen und mit Sojamehl, Semmelbröseln, Weizenkleie und Hefeflocken zu einem festen Teig kneten. Kleine Klöße formen und in der heißen Gemüsebrühe 15 Minuten ziehen lassen.

Der Kaiserling

Den ersten Kaiserling meines Lebens ließ ich schmählich stehen. In meiner haarsträubenden Pilzignoranz argwöhnte ich mißtrauisch, eine merkwürdige Mischung aus Fliegenpilz und Pantherpilz aufgestöbert zu haben, und wagte es weder ihn zu kosten noch mitzunehmen. Ganz schön dämlich, wie sich später herausstellte, denn der Kaiserling kann es an Wohlgeschmack leicht mit dem Steinpilz aufnehmen und wurde angeblich schon im alten Rom von Cäsar mit Vorliebe verspeist. Daher wohl auch der Name! Es dauerte Jahre, bis ich diesen, in unseren kühleren Breitengraden höchst seltenen, Pilz wiederfand und mich selbst von seinem feinen Aroma überzeugen konnte. In wärmeren Gegenden, wie

Italien oder Jugoslawien, kommt der Kaiserling sehr häufig vor und man kann ihn auf jedem Markt kaufen. Ich glaube dem Kaiserling geht's wie mir. Ich fühle mich auch am wohlsten, wenn die Sonne scheint.

Kaiserlings-Nudeln

500 g Kaiserlinge, 250 g Nudeln, 2 EL Butterschmalz, 1 gehackte Zwiebel, 1 Bund frisches Basilikum, 3 EL Sauerrahm, 1 TL Oregano, Salz, Pfeffer, 4 EL geriebener Käse

Die Kaiserlinge gut putzen und kleinschneiden. Zwiebel in heißem Butterschmalz goldgelb dünsten, die Kaiserlinge dazugeben und schmoren lassen. Nach 15 Minuten würzen, die gehackten Basilikumblätter beifügen und den Sauerrahm darunterrühren. Die in Salzwasser gegarten Nudeln abtropfen lassen und mit der Pilzmasse vermengen. Reichlich Käse darüberstreuen und mit frischem Salat servieren.

Canelloni mit Champignonduxelles

1 Packung Canelloni, 1 kg Champignons, 2 kleine Zwiebeln, 3 EL Butter, 2 Tomaten, 1 EL Zitronensaft, 2 EL Bierhefeflocken, 1 TL Kräutersalz, 2 EL Tomatenmark, 1 Tasse geriebener Parmesankäse

Canelloni in Salzwasser garen. In der Zwischenzeit die Champignons putzen und ganz fein hacken, ebenso die Zwiebeln. Je feiner, desto besser! Zwiebeln in der heißen Butter goldgelb dünsten, die Champignons dazugeben und mitbraten lassen. Tomaten häuten und zugeben, würzen. Wenn alle Flüssigkeit verdampft ist, Tomatenmark und Bierhefeflocken unterrühren und abkühlen lassen. Die fertiggegarten Canelloni mit der Masse füllen und in eine gebutterte feuerfeste Form setzen. Etwas flüssige Butter darübergießen und mit Parmesan bestreuen. 10 Minuten im Rohr erhitzen und anschließend mit einer bunten Salatschüssel servieren. Sollten Sie zuviel Duxelles zubereitet haben, können Sie diese getrost im Kühlschrank bis zum nächsten Tag aufheben.

Maronenröhrlinge mit Linsen

1 kg Maronenröhrlinge, 2 Zwiebeln, 2 Tassen Linsen, 2 EL Butterschmalz, 2 EL Kräuteressig, 1–2 TL Salz, 2 TL Koriander, 1 Messerspitze Zimt

Die Linsen am Vorabend in kaltes Wasser legen und über Nacht quellen lassen. Maronenröhrlinge putzen und grob zerkleinern. Zwiebeln hakken und im heißen Butterschmalz goldbraun rösten, dann die Pilze dazugeben, Linsen mit genügend Wasser beifügen und mit Salz abschmekken. 30 Minuten köcheln lassen und dann mit Essig, Koriander und Zimt abschmecken.

Auflauf mit Mischpilzen

1 kg Mischpilze (Steinpilze, Maronenröhrlinge, Champignons etc.), 1 kleine Zwiebel, 4 zerdrückte Knoblauchzehen, 125 g Quark, ⅛ l Sauerrahm, 2 Eier, 1 TL Salz, 1 TL Streuwürze, 1 TL Koriander, 2 EL Butter, Pfeffer, 2 feste Tomaten, 1 Bund Schnittlauch

Die gewaschenen, geputzten und in Stücke geschnittenen Pilze in eine feuerfeste gebutterte Form geben. Butter in einer Pfanne erhitzen, Zwiebel hineinreiben, Knoblauchzehen beifügen und verrühren. Pfanne vom Herd nehmen. Quark mit Eiern und Sauerrahm verrühren, kräftig mit allen Gewürzen abschmecken und mit dem Pfanneninhalt über die Pilze gießen. Mit Tomatenscheiben belegen und im vorgeheizten Backrohr bei 200° C 20 Minuten überbacken. Vor dem Servieren mit Schnittlauch bestreuen.

Pilzpulver

Durch Zufall entdeckte ich eines Tages in Österreich zwischen Linz und Wels die erste Pilz-Farm Europas. Ich staunte nicht schlecht, als ich die riesigen Anlagen sah, in denen jede Menge Austernseitlinge und Träuschlinge gezüchtet wurden. Dicht an dicht drängte sich Pilz an Pilz!

So was möchte ich einmal im Wald erleben! Angesichts dieser Schwammerlpracht verfiel ich flugs in einen katastrophalen Pflück- und Kaufrausch. Ich weiß nicht mehr, wie viele Kartons ich mit nach Hause brachte, ich weiß nur noch eines, es waren viel zu viele! Nur die Tatsache, daß mein Kofferraum nicht mehr faßte, hinderte mich wohl daran, die ganze Farm leer zu pflücken. Nachdem es drei Tage mittags und abends Pilzgerichte gegeben hatte, Familienmitglieder und Freunde höflich aber kategorisch weitere Ernährungsversuche in dieser Richtung ablehnten, mußte ich mir notgedrungen etws anderes ausdenken. Ich beschloß den Rest der Pilzbeute zu trocknen. Ich legte die kleingeschnittenen Stücke auf Butterbrotpapier auf ein Backblech und ließ sie bei mäßiger Wärme im Rohr trocknen. Nachdem sie wirklich völlig ausgetrocknet waren, weihte ich meine neue Kaffemühle mit den trockenen Pilzen ein und verarbeitete sie zu Pilzpulver. Inzwischen habe ich schon so manches Süppchen damit aufgebessert und auch in Eintöpfen und Soßen macht sich dieses würzige Pulver ganz hervorragend.

Pilzburger

500 g Austernseitlinge, 2 gehackte Zwiebeln, 3 EL Öl, 2 EL Weizenkleie, 1 Tasse Sojamehl, 2 zerdrückte Knoblauchzehen, Muskatnuß, Salz, Pfeffer, 1 Ei, Semmelbrösel, 100 g geriebener Emmentaler

Austernpilze putzen und feinblättrig schneiden. Zwiebeln in heißem Fett goldgelb dünsten, Austernpilze dazugeben und 10 Minuten braten lassen. Die abgekühlten Pilze mit Sojamehl, Weizenkleie, Ei und Gewürzen zu einem Teig verarbeiten, Bouletten formen und in Semmelbröseln wälzen. Die Pilz-Burger in heißem Fett von beiden Seiten goldbraun braten. Statt Sojamehl kann man auch Reis oder gekochte Linsen verwenden. Vor dem Servieren mit Käse bestreuen und mit Tomatensalat kombinieren.

Waldpilz-Curry

1 kg Mischpilze (Maronen, Scheidenstreiflinge, Täublinge etc.), 500 g Gemüsezwiebeln, 4 EL Butterschmalz, 1 EL Currypulver, 1 EL Koriander, 1 TL Salz, 1 Messerspitze Zimt, Pfeffer, ⅛ l süße Sahne

Pilze putzen und kleinschneiden. Zwiebeln hacken und in heißem Butterschmalz goldbraun dünsten, die Pilze zugeben und bei geschlossenem Deckel 10 Minuten dünsten lassen. Salz und die übrigen Gewürze beifügen und die Flüssigkeit langsam verdampfen lassen. Kurz vor dem Servieren frische Sahne unterrühren und zu Bratkartoffeln oder Kartoffelpüree servieren.

Pfifferlingsalat

500 g Pfifferlinge, 4 große Tomaten, 2 kleine Zwiebeln, 5 EL Olivenöl, 2 EL Essig, Salz, Pfeffer, Streuwürze, 1 Bund Petersilie

Pfifferlinge putzen, eine Zwiebel hacken und in etwas Olivenöl goldgelb dünsten. Dann die Pfifferlinge dazugeben und garen lassen. Aus dem Rest Öl, den Gewürzen und dem Essig eine pikante Marinade anrühren: Eine Zwiebel roh hineinreiben und die abgekühlten Pfifferlinge sowie die gehäuteten, in Scheiben geschnittenen Tomaten daruntermengen. Mit reichlich gehackter Petersilie bestreuen und kühl servieren.

Gebackene Parasole

Gebackene Schirme? Ja richtig, denn der Parasolpilz sieht wirklich aus wie ein großer, aufgespannter Schirm, aber er schmeckt bedeutend besser! Seine Größe ist beachtlich und sein Hut erreicht einen Durchmesser bis zu 30 cm. Die Stiele werden in der Küche nicht verwendet, die Hüte eignen sich ausschließlich zum Braten. Auch wenn Sie nicht gleich auf einen ganzen Hexenring stoßen sollten, keine Sorge, auch wenige Parasole werden ihrem Essen eine festliche Note verleihen.

4–20 (?) Parasolpilze, 1 Tasse Milch, 1 Tasse Weizenkleie, Salz und Semmelbrösel gemischt, Salz, Pfeffer, Butterschmalz zum Ausbacken

Die Parasolhüte in Milch und Kleie-Semmelbröselgemisch wälzen, Salz und Pfeffer darüberstreuen und in heißem Butterschmalz von beiden Seiten backen. Mit Zitronensaft und Avocado-Sauce servieren.

Rotkappen

Rotkappen sind nicht nur schmackhaft, sondern auch noch bildschön. Sie wachsen ausschließlich in der Nähe von Birken und gehören genau wie die Birkenpilze zu den Rauhfüßen, d.h. ihr Stiel ist auffallend geschuppt, aber sehr wohlschmeckend. Der Hut ist ein wahres Glanzstück des Waldes. Kugelig rund und von orangeroter Farbe leuchtet einem so ein appetitliches Kerlchen schon von weitem selbst im finstersten Wald entgegen. Wenn man ein bißchen Glück hat, findet man gleich eine ganze Rotkappenfamilie, die sich gemütlich um ein paar Birken angesiedelt hat. Verwechslungen mit anderen Pilzen sind durch die auffallende Erscheinung der Rotkappe ausgeschlossen. Also, liebe Leserin: Pilz Heil!

Gedünstete Rotkappen mit Spinat

500 g Spinat, 300 g oder mehr Rotkappen, 4 Kartoffeln, 1 kleine Zwiebel, 4 zerdrückte Knoblauchzehen, 2 EL Pflanzenmargarine, 1 TL Salz, Pfeffer, 2 Tomaten, 1 TL Koriander, 1 Messerspitze Muskat

Spinat waschen, Pilze putzen und kleinschneiden, ebenso die Kartoffeln raspeln oder feinhacken. Die Zwiebel hacken und in heißem Fett goldgelb dünsten, Knoblauch und Spinat zugeben und dünsten, bis das Wasser aus den Blättern tritt. Pilze und Kartoffeln zugeben, würzen und gar dünsten. Wenn das Wasser verdunstet ist, gehäutete, kleingeschnittene Tomaten beifügen und mit Koriander und Muskat abschmecken.

Täublinge

Da es in jedem Wald, der etwas auf sich hält, mindestens ein halbes Dutzend verschiedene Täublingsarten gibt, die man bedenkenlos verzehren kann, hilft nur eines, an Ort und Stelle kosten oder wenigstens einige Sekunden die Zunge an eine der Lamellen drücken. Wenn sich weder ein gallebitterer noch brennendscharfer Geschmack ausbreitet, dann ist alles in Ordnung. Prinzipiell kann man alle mild schmeckenden Täublingsarten essen, und da es insgesamt über hundert verschiedene Arten gibt, kann ich Ihnen die geschilderte Methode nur wärmstens empfehlen. Täublinge sind sehr ergiebig, schmecken nußartig und eignen sich hervorragend für alle Mischpilzgerichte.

Täublings-Salat

500 g Täublinge, 1 TL Zitronensaft, 3 EL Sonnenblumenöl, 1 Becher Joghurt, 1 TL Salatwürze, 3 EL gehackte Kräuter, Salz, Pfeffer, 2 EL Sonnenblumenkerne

Aus Zitronensaft, Öl, Joghurt, Salatwürze und Kräutern eine Marinade anrühren, mit Salz und Pfeffer abschmecken und die gewaschenen und fein geschnittenen Täublinge daruntermengen. Die Sonnenblumenkerne in einer trockenen Pfanne kurz rösten und über den Salat streuen.

Täublingskroketten

500 g Täublinge, 1 gehackte Zwiebel, 2 EL Butterschmalz, 4 gekochte mehlige Kartoffeln, 1 TL Vollkorn-Mehl, 1 EL Weizenkleie, 1 Tasse Semmelbrösel, ⅛ l Milch, Salz, Pfeffer, 1 TL Zitronensaft, Fett zum Ausbacken

Täublinge putzen und kleinschneiden. Die Zwiebel hacken und in heißem Fett goldgelb dünsten, dann die Pilze dazugeben. Salz, Pfeffer und Zitronensaft hinzufügen und schmoren lassen, bis die Flüssigkeit verdampft ist. Die gekochten Kartoffeln mit etwas heißer Milch anrühren und die Pilzmasse daruntermischen. Mehl und Weizenkleie beifügen und nochmals kräftig nachwürzen. Ist die Mischung zu dünn, noch Semmelbrösel zugeben. Der Teig soll sich gut mit der Hand formen lassen. Den erkalteten Teig zu Kroketten rollen und in heißem Fett schwimmend ausbacken.

Der Scheidenstreifling

Irgendwo habe ich einmal gelesen, Scheidenstreiflinge seien dünnfleischig, unergiebig und daher höchstens als Mischpilz zu verwerten. Nach meiner bescheidenen Pilzerfahrung tut man diesem Pilz damit ausgesprochen unrecht. Man kann seinen Stiel mitverwenden, muß sich nicht mit lästigen Würmern herumplagen und last not least, er wächst ausgesprochen häufig in unseren Wäldern. Ich habe schon während so manchem, ansonsten recht mageren Waldspaziergang mühelos 20 bis 30 Scheidenstreiflinge gefunden und daraus die feinsten Gerichte hergestellt. Einmal war mir das Pilzglück besonders hold. Mitten auf einer abgemähten Wiese fand ich einen dicken, großen weißen Pilz von etwa 15–16 cm Durchmesser. Das war ein Herzchen, kann ich Ihnen sagen! Nein, es war kein Knollenblätterpilz (sonst könnte ich Ihnen ja schlecht diese Geschichte noch erzählen)! Es war auch kein zu groß geratener Champignon. Nein, es war der erste, und in meiner Pilzlaufbahn bis jetzt auch einzige Riesenscheidenstreifling!

Gegrillte Scheidenstreiflinge

Scheidenstreiflinge, Salz, flüssiges Butterschmalz, Dillsauce, Zitrone

Nicht zu kleine Scheidenstreiflingshüte waschen (Stiele nicht wegwerfen, sondern für Suppe verwenden), salzen und im Backrohr auf das Blech oder auf den Rost legen. Mit flüssigem Butterschmalz bestreichen und von beiden Seiten grillen. Mit Zitronenscheiben und Dillsauce servieren. Parasole kann man ebenso zubereiten.

Scheidenstreiflinge in Sahne

500 g Scheidenstreiflinge, 1 gehackte Zwiebel, 2 EL Butterschmalz, 1 EL Kräuteressig, 1 TL Vollkorn-Mehl, 1 TL Salz, Pfeffer, ¼ l süße Sahne, 1 Bund Dill

Scheidenstreiflinge waschen und grob zerteilen. Zwiebel im Butterschmalz goldgelb dünsten, dann die Pilze dazugeben und ca. 15 Minuten dünsten lassen. Wenn die Flüssigkeit verdunstet ist, Essig beifügen, mit Mehl bestäuben und mit der Sahne löschen. Unter ständigem Rühren einige Minuten köcheln lassen und anschließend mit reichlich gehacktem Dill bestreuen.

Birnenstäublinge und andere Boviste

Als Kind bin ich mit Begeisterung auf den alten, unscheinbaren Staubpilzen herumgesprungen und konnte mich nicht sattsehen an dem schwefelgelben Qualm, der jedes Mal daraus hervorquoll. Fand ich auf meinen Streifzügen durch den Wald nur weiße, feste Exemplare, war ich enttäuscht, denn mit denen konnte man ja leider noch nichts anfangen. Diese meine bescheidene Kindermeinung hat sich erst in den letzten Jahren, zugegebenermaßen reichlich spät, aber dafür um so gründlicher geändert. Durch Zufall erfuhr ich, daß man junge Birnenstäublinge und auch andere Boviste braten kann, und so nahm ich von meinem nächsten Waldspaziergang zaghaft einige weiße Exemplare mit nach Hause. Ich schnitt die kleinen Kugeln in dünne Scheiben und briet sie einige Minuten in heißem Butterschmalz. Dann streute ich etwas Salz darauf und probierte vorsichtig. Was für eine angenehme Überraschung! Ich fand, mir war eine richtige Delikatesse gelungen. Seitdem lasse ich die kleinen weißen Kugeln prinzipiell nicht mehr stehen und freue mich jedesmal neu, wenn ich einen unwissenden Gast mit diesem Snack überraschen kann. Einzige Bedingung für das Gelingen dieser Pilzdelikatesse ist, daß die Fruchtkörper innen wirklich ganz fest und weiß sind. Mit dem giftigen Kartoffelbovist sind sie praktisch nicht zu verwechseln, denn der ist selbst im Jugendzustand innen nicht weiß.

Gebratene Birnenstäublinge

20–30 junge, weiße Birnenstäublinge, Butterschmalz zum Braten, Salz

Birnenstäublinge waschen, in Scheiben schneiden und in heißem Fett schwimmend goldgelb backen. Auf Küchenkrepp das Fett abtropfen lassen, mit Salz bestreuen und möglichst heiß als Snack servieren. Schmeckt so ähnlich wie Kartoffelchips, aber irgendwie auch nußartig.

Bovistenschnitzel

1 Riesenbovist, ½ Tasse Semmelbrösel, ⅛ l Milch, Salz, Pfeffer, 2 EL Butter, Zitronenscheiben oder Zitronensaft zum Beträufeln

Vorausgesetzt, es ist Ihnen gelungen, einen Riesenbovist zu finden, den Bovist waschen, in fingerdicke Scheiben schneiden und in Milch und Semmelbröseln wälzen. Die panierten Pilzscheiben würzen und in heißer Butter von beiden Seiten braten. Dazu schmecken junge Kartoffeln und ein Vogerlsalat.
Mit dieser Delikatesse wurde ich vor einigen Jahren in einem kleinen Lokal bei Krems an der Donau konfrontiert. Der Wirt hatte zufällig einige Riesenboviste auf einer Wiese gefunden und servierte nun tagelang seinen Gästen Bovistenschnitzel. Die Scheiben waren so groß wie der Teller und nicht nur lecker, sondern auch sehr sättigend. Ich schaffte es nicht einmal, eine Scheibe ganz aufzuessen.

Steinpilzragout im Reisrand

1 kg frische Steinpilze, 2 Zwiebeln, 2 EL Butterschmalz, 1 EL Sojasauce, ⅛ l Sauerrahm, 1 Bund feingehackte Petersilie, Salz, Pfeffer, 5 Tassen Wasser, 2 Tassen Reis, Salz

Reis in Salzwasser garen lassen und anschließend in eine gebutterte Reisrandform drücken. In der Zwischenzeit die Pilze putzen und in Scheibchen schneiden. Zwiebeln hacken und im heißen Butterschmalz goldgelb dünsten, dann die Steinpilze dazugeben und unter häufigem Umrühren braten lassen. Mit Sojasauce, Pfeffer und Salz abschmecken und Sauerrahm und Petersilie untermengen. Reisrandform auf einer großen Platte stürzen und die Steinpilze in die Mitte einfüllen.
Wenn Ihnen Steinpilze zu teuer sind, dann nehmen Sie einfach Maronenröhrlinge. Sie sind dem Steinpilz ebenbürtig und auch im Wald bedeutend leichter zu finden.

Bambussprossen mit Austernseitlingen

1 Dose Bambussprossen, 8 schöne Austernseitlinge, 3 EL Sonnenblumenöl, 1 EL Sojasauce, Salz, Pfeffer, ⅛ l Sauerrahm, 1 Bund Schnittlauch

Bambussprossen abtropfen lassen, in dünne Streifen oder Würfel schneiden und im heißen Fett goldgelb braten. Austernseitlinge von den Strünken befreien, vierteln und zu den Bambussprossen dazugeben. Dünsten lassen, bis alles gar ist, mit Salz, Pfeffer und Sojasauce abschmecken und vor dem Servieren den Sauerrahm darunterrühren und mit Schnittlauch bestreuen.
Während man früher mühselig im Herbst und Winter auf alten Baumstrünken nach Austernseitlingen suchen mußte, kann man ihn heute auf fast jedem Gemüsemarkt finden. Zum Glück! Denn irgendein ganz schlauer Pilzliebhaber kam auf die glorreiche Idee, diesen aromatischen Pilz zu züchten!

Gefüllte Champignons

24 große Champignons, 1 reife Avocado, 1 Zwiebel, 2 EL Sonnenblumenöl, ⅛ l Gemüsesaft, 2 EL Sesam-Würze, 1 Handvoll Pinienkerne, 2 zerdrückte Knoblauchzehen, 2 EL geriebener Parmesan, Salz, Pfeffer

Champignons waschen, putzen und vorsichtig die Stiele herausdrehen. Die gehackte Zwiebel mit den Knoblauchzehen im heißen Öl glasig dünsten, die feingehackten Stiele dazugeben und einige Minuten anbraten. Avocado schälen, Kern entfernen und das Fruchtfleisch im Mixer zusammen mit dem Gemüsesaft pürieren. Alles zusammen vermengen, gut würzen und eventuell Flüssigkeit noch etwas einkochen lassen. Den Brei mit einem Teelöffel in die Champignonköpfe einfüllen, diese in eine gebutterte feuerfeste Form setzen und mit Parmesan bestreuen. 10 Minuten bei 200° C backen lassen und als Vorspeise oder auch als Beilage servieren.

Brokkoli-Curry mit Birkenpilzen

2 Zwiebeln, 4 oder mehr Birkenpilze, 2 EL Butterschmalz, 2 Pakete Tiefkühl-Brokkoli, 1 TL Salz, 1 EL Curry, 1 Prise Zimt, 1 Zitrone, 1 Becher Joghurt

Zwiebeln schälen, hacken und im heißen Fett goldgelb dünsten. Die geputzten und in kleine Stücke geschnittenen Pilze beifügen und mit Zitronensaft beträufeln. 5 Minuten dünsten lassen. Brokkoli ohne Stengel dazugeben, ½ Tasse Wasser mit dem Currypulver und dem Salz darübergießen und 15 Minuten köcheln lassen. Sobald das Gemüse gar ist, nochmals abschmecken und mit einer Prise Zimt und Joghurt verfeinern.
Sollten Ihnen bei Ihrem Waldspaziergang keine Birkenpilze über den Weg gelaufen sein, dann tun's natürlich auch Champignons.

Der Goldröhrling

Am Anfang habe ich den Goldröhrling immer mit dem Butterpilz verwechselt. Zugegebenermaßen eine harmlose Verwechslung, denn sie schmecken alle beide köstlich. Der Goldröhrling wächst ausschließlich in Verbindung mit Lärchen, deshalb findet man ihn häufig in Gebirgswäldern. Verwechseln kann man ihn höchstens mit dem Körnchenröhrling, und das schadet rein gar nichts, denn auch der ist ein feiner Speisepilz. Den Goldröhrling kann man schon von weitem erkennen, denn er ist eine wahrhaft leuchtende Gestalt auf dem Waldboden. Goldgelb und strahlend, selten von Maden angefressen, was wollen Sie mehr? Er ist ein idealer Speisepilz, der selbst Zweifler durch seine reine »Ausstrahlung« besticht. Wenn ich nicht genügend Goldröhrlinge finde, mische ich höchstens noch ein paar Maronenröhrlinge dazu und dann gibt's bei mir ein delikates

Goldröhrlings-Gulasch

1 kg Gold- und Maronenröhrlinge, 1 große gehackte Zwiebel, 2 EL Butterschmalz, 1 EL Vollkorn-Mehl, ⅛ l süße Sahne, Salz, 1 Messerspitze Rosenpaprika, 1 Bund Petersilie, 1 Handvoll Pinienkerne

Pilze putzen und kleinschneiden. Die gehackte Zwiebel im heißen Butterschmalz goldgelb dünsten, dann die Pilze dazugeben und schmoren lassen. Nach 15 Minuten mit Mehl bestäuben und mit etwas Wasser löschen. Mit den Gewürzen abschmecken und die Pinienkerne daruntermischen. Die Sahne beifügen und alles mit gehackter Petersilie bestreuen.

Der Butterpilz

Der Butterpilz ist ein besonderes Geschenk des Waldes. Wohlschmekkend wie nur wenige, läßt sich dieser delikate Bursche wegen seiner etwas schleimigen Hutbekleidung besonders gut zu Suppen und Saucen verwenden. Die buttergelben Röhren des Pilzes entferne ich fast immer, weil sich dort die Maden und Würmer sehr wohl fühlen. Trotz dieser kleinen Abstriche ist der Butterpilz ein Gedicht. Ich habe ihn deshalb auch in eine besondere Speise verpackt, nämlich als

Quiche Lorraine mit Butterpilzen

Für den Teig: 250 g Mehl, 250 g Butter, 1 kleines Glas Wasser, Salz, Weizenkleie
Für den Belag: 300 g gewaschene, geputzte und kleingeschnittene Butterpilze, 6 Eier, ¼ l Sahne, 1 EL gehackte Zwiebeln, 1 Prise Pfeffer, Salz

Aus Mehl, Butter, Wasser und Salz einen Mürbeteig kneten. Den Teig in einer gebutterten und mit Weizenkleie bestreuten Springform auslegen und im vorgeheizten Backrohr bei 175°C ca. 20 Minuten backen. Inzwischen die gewaschenen und kleingeschnittenen Butterpilze in einer Pfanne zusammen mit den Zwiebeln schmoren lassen, mit Salz und Pfeffer abschmecken und sämtliche Flüssigkeit verdampfen lassen. Eier und Sahne kräftig schlagen, mit Salz abschmecken und unter die Pilze mischen. Den vorgebackenen Mürbteig mit dieser Mischung füllen, Oberfläche glattstreichen und den Kuchen 35–40 Minuten backen.

Getreide

Nudeln

Teigwaren, egal in welcher Verkleidung, schmecken mir immer. Leider, denn sie gehören ja nicht unbedingt in die Abteilung der Schlankmacher. Als alter Soja- und Vollkornfan kaufe ich zwar meine Nudeln am liebsten im Reformhaus, aber trotzdem: Gut kochen, gerne essen und nicht zunehmen, das fällt mir gelegentlich sehr schwer. Manchmal habe ich das Gefühl, ich nehme schon beim Kochen nur von den Gerüchen zu, kennen Sie das? Also, was tun? Etwa keine Nudeln mehr verwenden? Es sind ja wohl auch nicht die Nudeln allein, sondern vielmehr das Drum und Dran, das ihnen diesen Ruf beschert hat. Aber schließlich, wer will schon nackte Nudeln ohne etwas dazu essen? Ich serviere zu meinen Nudelgerichten immer viel Salat und ein zusätzliches Gemüsegericht, wegen der Ballaststoffe und der Vitamine, außerdem mische ich immer noch einen Extralöffel Weizenkleie unter die Nudeln. Natürlich ist das Geschmackssache und deshalb habe ich es auch nicht bei jedem Gericht erwähnt. Auf jeden Fall sorgt diese »Behandlung« bei meinen Nudelgerichten für gute Verdauung, und das ist doch immerhin etwas! Gut verdaut ist schließlich schon halb abgenommen!

Vegi-Lasagne

3 EL Öl, 1 große Zwiebel, 1 Paprika, 2 Knoblauchzehen, 250 g Champignons, 1 TL Salz, etwas Pfeffer und Thymian, 1 TL Basilikum, 2 EL gehackte Petersilie, 4 große Tomaten, 1 kleine Büchse Tomatenmark, 200 g Parmesankäse, 175 g Hüttenkäse, 2 Mozarellakäse, 300 g Lasagne

Die Zwiebeln kleinhacken und im heißen Fett glasig werden lassen. Die geputzten und kleingeschnittenen Champignons hinzufügen, kurz anbraten, dann die kleingewürfelte Paprika, die Kräuter und Gewürze, die gehäuteten Tomaten sowie das Tomatenmark mit dem Rest gut ver-

mischen und dünsten lassen. Bei Bedarf etwas Wasser hinzufügen. Die Sauce sollte jedoch ziemlich dickflüssig sein.
Die Lasagne in leicht gesalzenem Wasser gar kochen und mit kaltem Wasser abschrecken. Etwa ein Drittel der Sauce in eine feuerfeste Form füllen. Darauf dann abwechselnd Lasagne, Mozarellascheiben oder -würfel, Hüttenkäse, Tomatensauce schichten und tüchtig mit Parmesankäse bestreuen. Zum Abschluß noch einmal reichlich Tomatensauce darüberstreichen und nochmals mit Parmesan bestreuen. Im Ofen bei ca. 200° C 35 Minuten backen.

Gorgonzola-Nudeln

200 g in Scheiben geschnittene Champignons, 3 EL Butter, 1 kleines Päckchen Tiefkühl-Erbsen, 250 g Gorgonzola, ⅛ l Sahne, 6–8 zerstoßene schwarze Pfefferkörner, 2 EL gehackte Petersilie, 300–400 g Nudeln

Zuerst die Nudeln zum Garen aufsetzen. Die Champignons in einem Eßlöffel Butter oder Margarine anbraten, mit etwas Wasser auffüllen und zusammen mit den Erbsen garen. In einer separaten Pfanne den Gorgonzola zusammen mit der restlichen Butter unter ständigem Rühren bei mittlerer Temperatur schmelzen lassen. Die Sahne und die Pfefferkörner darunterrühren und mit den Erbsen, den Champignons und den fertiggegarten Nudeln vermengen. Eventuell nachwürzen, mit Petersilie reichlich bestreuen.

Kässpatzen

500 g Spätzle-Nudeln, 200 g geriebener Emmentaler, 3 EL Butterschmalz, 1 große gehackte Zwiebel

Die in kochendem Salzwasser gegarten Spätzle noch heiß abwechselnd mit dem Käse in eine feuerfeste Form schichten. 5–10 Minuten ins vorgeheizte Rohr stellen. Währenddessen im Butterschmalz die Zwiebeln bräunen und vor dem Servieren die Kässpatzen damit übergießen.

Spaghetti-Pizza

500 g Spaghetti, 4 Eier, 2 EL Sauerrahm, 2 EL Öl, 1 Dose Tomatenmark, 6 Tomaten, 5 Mozarellakäse, 2 Zwiebeln, 15 Oliven, 3 durchgepreßte Knoblauchzehen, 400 g Austernpilze, 1 Messerspitze Salz

Spaghetti in Salzwasser al dente kochen. Eier, Salz, Öl und Sahne verquirlen und mit den fertiggekochten Spaghetti (Spaghetti eventuell vorher brechen) vermischen und auf ein gefettetes Backblech streichen. Die geschälten Tomaten, den Mozarella sowie die Oliven in Scheiben, die Zwiebeln in feine Ringe schneiden. Die Austernpilze in mundgerechte Happen schneiden, die Strünke nicht mitverwenden. Alles zusammen auf dem Backblech verteilen, mit etwas Öl beträufeln und bei 220–240° C 15–20 Minuten im Rohr überbacken.

Nudelsuppe für kalte Tage

100 g Suppennudeln, 100 g Sojawürfel, ¾ l heißes Wasser, 2 Zwiebeln, 1 Stange Porree, 2 Möhren, ½ Sellerieknolle, 4 kleine Tomaten, 2 EL Butterschmalz, 1¼ l Gemüsebrühe, Salz, Pfeffer, Muskatnuß, 1 Bund Petersilie

Nudeln zum Kochen aufsetzen. Die Sojawürfel 15 Minuten im heißen Wasser einweichen. Zwiebeln hacken, das Gemüse in kleine Würfel schneiden. Das Sojafleisch sowie die Zwiebeln einige Minuten im heißen Fett braun braten. Die Brühe sowie das Gemüse hinzufügen und ca. 15 Minuten kochen. Die Suppe kräftig abschmecken, die gekochten Nudeln dazugeben und mit Petersilie bestreut servieren.

Grüner Nudelsalat

250 g grüne Nudeln, 6 Scheiben Soja-Zart, 150 g Appenzeller Käse, 1 hartgekochtes Ei, 2 zerdrückte Knoblauchzehen, 1 Bund kleingehackte Petersilie, Kerbel, 4 EL Öl, 1 EL Kräuteressig, Salz, Pfeffer, evtl. 1 TL Senf

Nudeln garen, abgießen und mit kaltem Wasser abschrecken. Das Soja-Zart, den Appenzeller Käse sowie das Ei klein würfeln und aus den übrigen Zutaten eine Marinade herstellen. Alles gut miteinander vermengen und mindestens eine Stunde ziehen lassen.

Makkaroniauflauf »Terracina«

250 g gekochte Makkaroni, 2 große Zwiebeln, 2 EL Butterschmalz, eine kleine Dose Soja-Zart, 4 große Tomaten, Sahne, etwas Gemüsebrühe, 3 Eier, Pfeffer, Cenofix, Paprika, 1 Bund Petersilie, 5 EL geriebener Emmentaler, Salz

Die Zwiebeln kleinschneiden und in der Hälfte des Fettes glasig dünsten. Sojazart würfeln, Tomaten häuten und in Scheiben schneiden. Eine feuerfeste Form ausfetten und lagenweise Makkaroni, die Mischung aus Soja-Zart, Zwiebeln und Tomaten einschichten. Die Sahne mit Salz, etwas Gemüsebrühe, den Eiern, Gewürzen und Petersilie verquirlen und über den Auflauf gießen. Den Käse darüberstreuen und mit der restlichen Butter in Flöckchen belegen. Bei 210–220° C ca. 30 Minuten überbacken.

Bunter Hörnchensalat

150 g Hörnchennudeln, 50 g Sojawürfel, 1 Paket Tiefkühl-Mischgemüse nach freier Wahl, möglichst mit Karotten oder Paprika dabei (wegen der Farbe), etwas Gemüsebrühe, 1 Apfel, 50 g Emmentaler Käse, 1 Gewürzgurke, 2 EL Öl, Essig, Salz, Pfeffer, 1 TL Senf, 1 halbe Zwiebel

Hörnchennudeln zum Garen aufsetzen. Die Sojawürfel in Gemüsebrühe einweichen, das Tiefkühlgemüse garen. Den Apfel und den Emmentaler in kleine Würfel schneiden, die Gewürzgurke raspeln. Öl, Essig, Salz, Pfeffer und den Senf gut verrühren und die halbe Zwiebel dazureiben. Alles mit den übrigen Zutaten gut vermengen und kühl stellen. Mindestens eine halbe Stunde ziehen lassen.

Pikanter Nudelsalat

200 g gekochte Nudeln, Salz, 2 hartgekochte Eier, 100 g Gouda, 100 g Tilsiter, 2 Bund Radieschen, 1 Paprikaschote, 5 EL Öl, 3 EL Essig, 1 EL Mangochutney, feingehackte Petersilie, Salz, Pfeffer

Die Eier schälen und feinhacken. Käse in Würfel, Radieschen in Scheiben und die gewaschene Paprikaschote in kleine Streifen schneiden. Aus den übrigen Zutaten eine schmackhafte Sauce bereiten und mit den angegebenen Salatzutaten vermengen. Mindestens eine halbe Stunde ziehen lassen.

Nudelauflauf mit Pilzen

300 g Hörnchennudeln, 1 Zwiebel, 250 g Champignons oder Steinpilze, 1 EL Butterschmalz oder Margarine, Salz, Pfeffer, Paprika, Muskatnuß, 1 Becher saure Sahne, 2 Eier, 1 EL Edelhefe, 1 EL Milch

Hörnchennudeln zum Garen aufsetzen, die gehackte Zwiebel und die blättrig geschnittenen Pilze im heißen Fett dünsten, mit Salz, Pfeffer, Paprika abschmecken und mit den fertiggegarten Hörnchen vermengen. Die Masse in eine ausgefettete feuerfeste Form geben, die Eier mit saurer Sahne, Hefe, Milch, Salz und Muskat verquirlen und darübergießen. Im Backofen bei 200° C 30 Minuten überbacken.

Makkaroni-Puffer

125 g Magerquark, 2 Eier, 200 g gekochte Makkaroni, 3 EL Sojamehl, 2 EL Hefeflocken, 2 EL Weizenkleie, 1 Messerspitze Muskatnuß, 1 zerdrückte Knoblauchzehe, 2 EL Tomatenmark, Salz, Pfeffer, Kokosfett zum Braten

Alle Zutaten zu einem festen Teig verarbeiten, mit dem Eßlöffel kleine Häufchen in die Pfanne drücken und auf beiden Seiten knusprig braten. Dazu schmeckt ein Rote-Bete-Gericht oder Spinatsalat.

San Francisco Nudeln

400 g gegarte Nudeln, 1 Paket Tiefkühlbohnen, 1 gehackte Zwiebel, 250 g Champignons, ½ TL Oregano, ½ TL Rosmarin, ½ TL Thymian, ½ TL Koriander, 1 TL Kräutersalz, 2 EL Butterschmalz, 1 kleine Dose Tomatenmark, ¼ l Tomatensaft, 1 Dose Mais, 1 Becher Joghurt

Die Bohnen separat vorkochen.
Zwiebel anbraten und die geputzten und kleingeschnittenen Champignons dazugeben, schmoren lassen. Tomatenmark unterrühren und mit Tomatensaft verdünnen. Kräuter, Gewürze, Bohnen und Mais unterrühren, ca. 5 Minuten köcheln lassen, vom Feuer nehmen und den Joghurt unterrühren und alles sofort über die noch heißen oder warm gestellten Nudeln gießen.

Grüne Nudeln mit vier Käsesorten

500 g Spinatnudeln, ¼ l Sahne, je 70 bis 100 g Parmesan, Gruyère, Provolone und Gorgonzola, Salz, Pfeffer, 1 EL Butter, 3 zerdrückte Knoblauchzehen

Nudeln zum Garen aufsetzen, al dente kochen. Sahne erhitzen und den Käse hineinreiben oder krümeln. Ständig umrühren, bis sich die Käsesorten miteinander vermengt haben und eine dicke cremige Sauce entstanden ist. Mit Salz und Pfeffer würzen. In einer Pfanne die Butter zerlassen und den Knoblauch verrühren. Die fertiggegarten heißen Nudeln mit der Käsecreme vermengen und die Knoblauchbutter darübergießen. Auch eine große Schüssel voll gemischten Salates macht dieses Gericht leider nicht schlanker! Dafür schmeckt es umwerfend gut!

Nudelomelett

Gekochte Nudelreste, 1 Zwiebel, 1 EL Butterschmalz, 4 Eier, 1 EL Vollkornmehl, ⅛ l Sahne, 1 EL Weizenkleie, 2 EL geriebener Parmesankäse, Salz, Pfeffer, 2 EL gehackter Schnittlauch

Nudelreste kleinschneiden. Dann die gehackte Zwiebel in Butterschmalz goldbraun dünsten und die Nudeln dazugeben. Aus Eiern, Sahne, Parmesan, Mehl und Kleie einen Teig quirlen, mit Salz und Pfeffer würzen und in die Pfanne gießen. Stocken lassen und mit Schnittlauch bestreuen.

Ravioli mit Vegi-Füllung

Für den Teig: 250 g Sojamehl, 250 g Vollkornmehl, 5 Eier, 5 EL Wasser, 1 TL Salz
Für die Füllung: 200 g Soja-Vita, 200 g Magerquark, ½ Zwiebel, 1 TL Rosmarin, 1 TL Basilikum, 2 EL Olivenöl, 1 Eigelb

Aus Soja- und Vollkornmehl, Eiern, Wasser und Salz einen festen Nudelteig kneten (lieber zu lange kneten als zu kurz) und eine halbe Stunde ruhen lassen. Auf einem bemehlten Brett den Teig dünn ausrollen und in Quadrate ausschneiden. Aus dem vorher eingeweichten Soja-Vita, Magerquark, Olivenöl und den Kräutern die Füllung anrühren und die rohe Zwiebel hineinreiben. Mit einem Teelöffel kleine Häufchen auf die Hälfte der Teigquadrate setzen und mit der anderen Hälfte die Ravioli verschließen. Die Rändern gut zusammendrücken und mit Eigelb bepinseln, damit sie besser zusammenkleben. In reichlich kochendem Salzwasser ca. 10–15 Minuten leise köcheln lassen.

Spanische Nudelpfanne

2 Zwiebeln, 3 Zucchini, 3 Tomaten, 3 zerdrückte Knoblauchzehen, 3 EL Olivenöl, ½ Tasse schwarze, entkernte Oliven, 200 g gegarte Nudeln, Kräutersalz, schwarzer Pfeffer, 1 EL frischgehacktes Basilikum, 1 EL Dill

Die Zwiebeln kleingeschnitten im Olivenöl andünsten, die gewaschenen, gewürfelten Zucchini dazugeben, kurz anbraten. Tomaten häuten, kleinschneiden, zusammen mit Knoblauch und Oliven daruntermengen, ca. 10 Minuten dünsten lassen. Die gegarten Nudeln dazugeben, kurz erhitzen und mit Kräutern und Gewürzen abschmecken.

Böhmische Quarknudeln

500 g breite Nudeln, 2 EL Butterschmalz, 250 g Quark, ¼ l Sauerrahm oder Joghurt, 2 Zwiebeln, Salz nach Belieben

Die Nudeln in kochendem Salzwasser garen, anschließend mit kaltem Wasser abschrecken und in einer Pfanne mit der Hälfte des Fettes anrösten. Bis die Nudeln fertig sind, den Quark salzen und durch ein Sieb passieren. Dann in eine angewärmte Schüssel die Hälfte der gekochten Nudeln füllen, darauf die Hälfte des Quarks und den Sauerrahm darüber. Den Rest der Nudeln über diese Schicht geben, nochmals Quark und Sauerrahm obendarauf und zum Schluß mit in Butterschmalz gerösteten Zwiebelringen garnieren.

Reis

Dem Reis möchte ich hier einen besonders ehrenwerten Platz einräumen, denn er ist eine der ältesten Kulturpflanzen unseres Planeten. Ich finde es fantastisch, was unsere Mutter Erde vor Jahrtausenden hervorgebracht hat, ein unscheinbares Sumpfgras, das inzwischen über die Hälfte der Menschheit ernährt! Einen eindrucksvolleren Beweis über seinen biologischen Wert kann es wohl kaum geben, vorausgesetzt, man läßt ihn so, wie die Natur ihn schuf, und zerstört nicht seine Nährwerte durch unzählige »Weißmacher-Prozeduren«! Wußten Sie, daß es über 800 verschiedene Reissorten gibt und die Welternte jährlich rund 300 Millionen Tonnen beträgt? Trotzdem interessiert mich in meiner Küche bei Reis nur eines, ob er alle Nährstoffe und Vitamine hat! Diese Bedingungen erfüllt leider nur der sogenannte Natur- oder Braunreis, den es in den Reformhäusern zu kaufen gibt, sowie der Parboiled Reis, bei dem durch ein besonderes Dampfdruck-Verfahren die lebenswichtigen Nährstoffe ins Innere gepreßt wurden. Alle anderen Weiß-Reis-Angebote im Laden sollten Sie getrost vergessen, außer Kalorien kann er ihnen nichts mehr bieten. Der Reis braucht von Anfang bis Ende viel Wasser! Während seines Wachstums liebt er es, in tropisch-warmen Gegenden wie China, Indien, Japan oder den Südstaaten der USA von viel Wasser umgeben zu sein, und wenn er endlich im Kochtopf gelandet ist, dann verlangt er zwei bis dreimal so viel Wasser, um sich voll entfalten zu können. Ansonsten ist er ein anspruchsloser und vor allem anpassungsfähiger Küchenbegleiter, der nach meinen Erfahrungen praktisch für alles verwendet werden kann. Ob süß oder salzig, gekocht, gebraten oder als Suppe, Auflauf oder Eintopf, es gibt so unendlich viele Möglichkeiten, daß ich aus diesem Grund nur verhältnismäßig wenig Reis-Rezepte aufgeschrieben habe. Eines meiner liebsten Reisgerichte ist *Reis-Kheer*, eine süße indische Nachspeise, die mir Harish Johari verraten hat. Man braucht dazu außer Reis, Milch, Nüssen und Rosinen leider auch eine Menge Zeit, aber das Ergebnis ist großartig, glauben Sie mir.

Reis-Kheer

¼ Tasse Reis, 1 l Vollmilch, 1 TL Butterschmalz, 1 Handvoll Rosinen, 4 EL Frucht- oder Rohzucker, ½ Tasse Kokosnußraspeln, ½ Tasse feingeriebene Mandeln oder Cashewkerne, 1 EL Pinienkerne

Reis waschen und in reichlich Wasser einweichen. Die Milch zum Kochen bringen und bei kleiner Hitze weitersimmern lassen, bis sie auf ein Viertel eingedickt ist. Zwischendurch immer wieder umrühren. Diese Prozedur dauert mindestens 2 Stunden und die Milch wird dabei immer gelber und sieht am Ende aus wie Kondensmilch (schmeckt auch so). Jetzt den Reis aus dem Einweichwasser nehmen, abspülen und abtrocknen, anschließend im heißen Butterschmalz unter ständigem Rühren kurz anrösten. Den Reis in die eingedickte Milch geben und ca. 20 Minuten weiterköcheln lassen. Gegen Ende der Garzeit Rosinen und Zukker beifügen und sorgfältig umrühren. Sobald der Reisbrei (Kheer) eine dicklich-cremige Konsistenz hat, die Kokosnußraspeln sowie die geriebenen Nüsse und Pinienkerne daruntermengen und die Masse abkühlen lassen. Ich steche am liebsten von dem kalten Reis-Kheer mit einem Eßlöffel Nockerl ab und serviere sie in einer Schale voll frischem Apfelmus.

Süßer Reissalat

300 g fertiggekochter Reis, 1 Tasse Ananasstückchen, 1 Handvoll ungeschwefelte Rosinen, 1 Sellerie, 1 kleine Büchse Mandarinen oder eine Tasse frische Mandarinenscheiben, 1 Tasse gewaschene, halbierte und entkernte Trauben, ⅛ l Sauerrahm, ⅛ l Orangensaft, 1 TL Chutney, ½ TL Cardamon, ½ TL Anissamen, 1 EL Zitronensaft

Die angegebenen Zutaten mit dem Reis vermengen, Sellerie raspeln. Aus Sauerrahm, Orangensaft, Chutney, Cardamom, Zitrone und Anis eine Sauce anrühren und über den Salat gießen, eventuell mit etwas Fruchtzucker süßen.

Curryreis mit Gemüse

1 Stange Lauch, 2 Karotten, 2 Zucchini, 1 Paket Bohnen, 7 Tassen Wasser, 1 TL Salz, 2 Tassen Reis, 1 EL Currypulver, 1 TL Majoran, 1 TL Koriander, 2 EL Butter, Pfeffer

Gemüse putzen, kleinschneiden und in kochendes Salzwasser geben, Reis dazustreuen und Currypulver, Majoran und Koriander darunterrühren und 30 Minuten kochen lassen. Zum Schluß die frische Butter beifügen und nochmals mit Gewürzen abschmecken. Wer will, kann sich dazu etwas Sauerrahm genehmigen.

Ungarischer Reistopf

2 Zwiebeln, 2 rote Paprikaschoten, 3 EL Olivenöl, 2 Tassen Reis, 5 Tassen Gemüsebrühe, 1/2 TL Rosenpaprika, 1 TL Streuwürze, 1 Bund Petersilie

Zwiebeln und Paprikaschoten würfeln und in heißem Olivenöl dünsten, Reis dazugeben und mit Gemüsebrühe aufgießen. 20 Minuten mit geschlossenem Deckel kochen lassen, dann den Deckel abnehmen und 10 Minuten bei leichter Hitze Flüssigkeit verdampfen lassen. Mit Rosenpaprika und Streuwürze abschmecken und mit gehackter Petersilie bestreuen.

Risotto

1 große gehackte Zwiebel, 3 EL Olivenöl, 2 Tassen Reis, 5 Tassen Gemüsebrühe, 1 Stange Lauch, 1 kleines Päckchen Tiefkühlerbsen, 2 Fleischtomaten, 3 zerdrückte Knoblauchzehen, 1/4 TL Salz, Pfeffer, 1 Tasse geriebener Parmesankäse

Die Zwiebel im heißen Öl goldgelb braten, Reis dazugeben und mit Gemüsebrühe aufgießen. Geputzten, kleingeschnittenen Lauch, Erbsen und gehäutete Tomaten dazugeben und 20 Minuten garen lassen. Weitere 10 Minuten lang Flüssigkeit verdunsten lassen, Knoblauch beifügen, mit Salz und Pfeffer abschmecken und mit geriebenem Parmesankäse servieren.

Reisbratlinge

(ideal zur Resteverwertung)

2 Tassen gekochter Reis, 1 Tasse Weizenkleie, 1 Handvoll Pinienkerne, 100 g geriebener Käse, 1 TL Salz, 1 TL Koriander, 1 Bund Petersilie, 1 Ei, 1 EL Sonnenblumenöl, 1 Zwiebel, Fett zum Braten

Reis, Weizenkleie, geriebenen Käse und Gewürze gut vermischen, gehackte Petersilie, ein Ei, etwas Öl beifügen und eine kleine Zwiebel dazureiben. Mit der Hand oder auch mit einem Löffel flache, runde Plätzchen formen und von beiden Seiten im heißen Fett kurz anbraten.

Reisbrot mit Walnüssen

2 Tassen Reis, 2 EL Öl, 2 Zwiebeln, 3 große Tomaten, 1 Tasse Walnüsse, 2 Knoblauchzehen, 3 EL gehackte Petersilie, Salz, Pfeffer, 1 Messerspitze Thymian, 1 TL Kümmel, 1 EL Butter, 2 Tassen geriebener Cheddar, 2 EL Hefeflocken, 1 Ei

Den Reis mit Wasser zum Garen aufsetzen. Dann Zwiebeln hacken und im Öl dünsten, die Tomaten überbrühen, abziehen und zu den Zwiebeln geben. Walnüsse zerkleinern, Knoblauchzehen zerdrücken. Den fertigen Reis mit der Zwiebelmischung und allen anderen Zutaten vermengen. Eine Spring- oder Kastenform mit Butter ausstreichen und die Masse hineindrücken. Im Backrohr bei 220°C 25 Minuten backen und mit frischem Salat servieren.

Gebackene Grießschnitten

2 Tassen Maisgrieß, 1 l Gemüsebrühe, Butterschmalz zum Braten

Maisgrieß in kochende Gemüsebrühe einstreuen und 20 Minuten kochen, dann noch 10 Minuten quellen lassen. Anschließend in eine mit kaltem Wasser ausgespülte quadratische Form (Plastikschale oder Kuchenform) gießen und völlig erkalten lassen. Dann die Masse auf ein Holzbrett stürzen und in dicke Scheiben schneiden. Diese Scheiben in heißem Butterschmalz auf beiden Seiten knusprig braten und als Beilage zu Gemüseeintöpfen und Saucen servieren.

Polenta mit Joghurt

2 Tassen Maisgrieß, 1 l Wasser, 1 TL Salz, 3 EL Butter,
1 großer Becher Joghurt (250 g)

Maisgrieß in kochendes Wasser einstreuen, Salz zugeben und 20 Minuten kochen, dann 10 Minuten ziehen lassen. Nun die Butter einrühren. Etwas abkühlen lassen und anschließend Joghurt darunterziehen.

Hirse – das geheime Schönheitsmittel

Wenn man bedenkt, daß die Hirse eine der ältesten Kulturpflanzen ist und schon von unseren Steinzeitvorfahren angebaut wurde, dann fragt man sich wirklich, warum diese Pflanze heutzutage in unseren Breitengraden ein gar so kümmerliches Dasein führen muß. Durch ihren hohen Anteil an Mineralsalzen, speziell Kieselsäure und Silicium, ist sie das ideale Naturprodukt bei Haarausfall, brüchigen Fingernägeln und Bindegewebsschwäche. Aber nicht nur das, richtig zubereitet schmeckt sie sehr gut und bietet dem Körper in hohem Maß auch das so notwendige Eiweiß und reichlich Ballaststoffe. Hirse kann man praktisch mit jedem Gemüse zusammen bringen.

Tomatenhirse

(eines meiner Lieblingsgerichte)

1 Tasse Speisehirse, 4 Tassen Wasser, 2 Würfel Gemüsebrühe oder Frugola, 2 große Fleischtomaten, 2 EL Hefeflocken, 2 EL Butter, 1 Bund Schnittlauch

Die Hirse mit Wasser und Brühwürfeln 15 Minuten kochen und anschließend 20 Minuten quellen lassen. Die Tomaten kurz überbrühen, häuten und dann schneiden und unter die Hirse mengen. Hefeflocken und Butter zugeben und mit gehacktem Schnittlauch bestreuen.

Hirsebrei mit Champignons

500 g Champignons, 1 gehackte Zwiebel, 1 EL Butterschmalz, 1 Tasse Speisehirse, 1 TL Curry, 4 Tassen Wasser, 1 EL Essig, 1 TL Salz, 1 EL Hefeflocken, ⅛ l saure Sahne, 2 EL gehackte Petersilie

Champignons putzen und blättrig schneiden. Zwiebel in Butterschmalz goldgelb dünsten und die Pilze dazugeben. Kurz köcheln lassen, Hirse und Curry darüberstreuen und mit Wasser auffüllen. Essig und Salz beifügen und 15 Minuten kochen, anschließend 20 Minuten quellen lassen. Zum Schluß Hefeflocken, saure Sahne und gehackte Petersilie, eventuell noch etwas Butter daruntermischen.

Süßer Hirsebrei

1 Tasse Speisehirse, 4 Tassen Milch, 2 EL Rosinen, 60 g Zucker, 1 Handvoll gehackte Mandeln, 1 Prise Salz, 1 Prise Zimt, ¼ TL Anis, 5 Nelken, Schale einer halben abgeriebenen Zitrone (ungespritzt)

Milch zum Kochen bringen. Dann Hirse mit Rosinen, Zucker und Mandeln in die kochende Milch einrühren, Gewürze und Zitronenschale zugeben und noch 15 Minuten weiter köcheln lassen. Anschließend muß der Brei noch 20 Minuten oder länger quellen.

Getreide

In der Schule lernten wir ein Lied, das hieß »Bunt sind schon die Wälder, gelb die Stoppelfelder«. Immer wenn das Wort Stoppelfelder kam, kriegte meine Stimme einen besonders tragischen Klang, denn ich mußte unweigerlich an meine schmerzenden Füße denken. Und die kriegte ich regelmäßig jeden Sommer, sobald das Korn geschnitten und geerntet war. Dann mußten nämlich wir Kinder tagelang die leeren Stoppelfelder nach liegengebliebenen Körnern bzw. Ähren absuchen. In der sommerlichen Hitze, barfuß auf den stechenden und pieksenden Stoppeln, war das wahrhaftig kein Vergnügen. Warum hatten wir bloß nichts an den Füßen? Ganz einfach, es gab nichts. Niemand hatte Sandalen an, denn solchen Luxus konnte sich damals erstens niemand leisten und zweitens gab es nichts und drittens waren sämtliche Schuster Deutschlands längst an der Front, oder bereits im Himmel. Unfaßbar, was unsere Mütter damals für Zauberkunststücke vollbringen mußten, um etwas zum Essen auf den Tisch zu bringen. Bei uns gab es regelmäßig eine Pampe, die nannte sich »Allgäuer Mehlmus«. Ich weiß, das klingt fürchterlich, aber ich muß ehrlich gestehen, ich aß diesen Brei sehr gerne. Er schmeckte mir richtig gut. Zu diesem Zweck wurde unsere Beute von den Stoppelfeldern in den nächsten Ort zu einer Mühle gebracht und ziemlich grob gemahlen. Daraus bereitete meine Mutter dann das Mehlmus, das ich mit kalter Milch begossen unzählige Male als Kind verspeist habe. Später, als ich mich für eine richtige Ernährung zu interessieren begann, wurde mir erst klar, war für einen gehaltvollen Pamps wir da von Mutter immer vorgesetzt bekommen hatten, denn das Getreidekorn enthält ja praktisch alles, was der Körper dringend braucht. Die einfachen Leute und die Bauern in allen Ländern haben das schon immer instinktiv richtig gemacht, egal ob sie in Italien Pizza, in Israel Pitta oder in Indien Parathas oder Puris herstellten. Entscheidend ist immer, daß das ganze Korn verwendet wird, denn es enthält in idealer Kombination jede Menge Mineralien und Spurenelemente wie Kalzium, Kalium, Magnesium,

Eisen, Fluor und Phosphor. Außer vielen Vitaminen, wobei besonders die B-Vitamine hervorgehoben werden müssen, enthält das Getreidekorn auch noch reichlich Fett, Eiweiß und Kohlenhydrate.
Was für ein verheerender Irrtum ist es doch, all diese wertvollen Bestandteile zu entfernen, um ein weißes, griffiges, haltbareres Mehl herzustellen. Der nichtsahnende Konsument wird auf diese Art und Weise um die besten Gaben der Natur gebracht.
Vielleicht haben Sie schon eine Getreidemühle. Wenn nicht, kann ich Ihnen nur dazu raten. Frischgemahlenes Korn ist das beste. Sollte Ihre Haushaltskasse derartige extra Belastungen nicht verkraften, dann besorgen Sie sich doch im Reformhaus richtiges Vollkornmehl. Sie werden staunen, wie gut das schmeckt. Übrigens: Eine ausrangierte Kaffeemühle tut's zur Not auch! Den Körnern ist es egal, wo sie gemahlen werden!
Und hier ist nun das Rezept für den Mehlpampe meiner Kindheit, die ich ab Januar 1945 im Allgäu, in der Nähe von Schloß Neuschwanstein, verbracht habe.

Allgäuer Mehlmus

4 EL Vollkornmehl, ¼ l Wasser, ¼ l Milch, 1 EL Butter, 1 Prise Salz, frische Milch zum Darübergießen

Das Mehl in die Wasser/Milch-Mischung einrühren, einige Minuten unter ständigem Rühren aufkochen lassen oder in die zerlassene Butter einrühren und mit der Flüssigkeit aufgießen.
Auf jeden Fall gehört Butter dazu. Mit einer Prise Salz abschmecken und kalte Milch dazu servieren. Ich rühre übrigens gerne noch ein bis zwei Eßlöffel Hefeflocken hinein.
Genausogut schmeckt so ein Brei auch aus verschiedenen Getreidesorten, oder mit Rohrzucker.

Sechskorn-Puffer

Im Reformhaus gibt es hervorragende Getreidemischungen von Demeter oder Donath. Ich bevorzuge die Fünf- oder Sechskorn-Mischung, denn da ist so ziemlich alles drin, was Mutter Erde an Körnern hervorbringt: Weizen, Roggen, Hafer, Gerste, Hirse und Buchweizen. Bei der Siebenkorn-Mischung ist noch Reis dazugemischt.

1 gehackte Zwiebel, 1 EL Butterschmalz, 1 Tasse Sechskorn-Getreide, ¼ l Wasser, 1 Karotte, 1 Tasse feingehackter Stangensellerie, 1 TL Kräutersalz, 2 EL gehackte Petersilie, 1 Messerspitze Muskat, zum Binden soviel Kartoffelflocken oder Semmelbrösel wie nötig, 1 Ei, Semmelbrösel oder Vollkornmehl zum Panieren, Öl oder Butterschmalz zum Braten

Die gehackte Zwiebel in heißem Fett goldgelb dünsten, geschrotete Körnermischung zugeben und mit Wasser aufgießen. Bei geschlossenem Deckel 20–30 Minuten quellen lassen. Den Brei erkalten lassen. Anschließend die feingeraspelte Karotte zugeben, den gehackten Stangensellerie sowie die Petersilie. Mit den Gewürzen abschmecken und eventuell zum Binden noch Kartoffelflocken (Instant-Püree) oder Semmelbrösel dazumischen. Kleine flache Puffer mit der Hand formen, in Ei und Mehl wälzen und in heißem Fett von beiden Seiten goldbraun backen. Mit frischem Salat oder einer pikanten Sauce servieren.

Weizen-Pudding

(das lieben nicht nur Kinder)

4 gehäufte EL feingemahlener Weizen, ½ l Milch, 1 Eigelb, 3 gehäufte EL Rohrzucker oder Fruchtzucker, 2 EL Pinienkerne, 2 EL Butter, abgeriebene Schale und der Saft einer Zitrone, 1 Glas entkernte Schattenmorellen oder anderes Kompott

Weizenmehl vorsichtig in die Milch einrühren, damit es nicht klumpt und einige Minuten köcheln lassen. Butter schaumig rühren, Zucker, Eigelb, Zitronenschale und -saft und Pinienkerne darunterziehen und erkalten lassen. Dazu gibt's Kirschen oder anderes Kompott.

Indische Parathas

2 Tassen grob gemahlenes Weizenvollkornmehl, 1 Tasse Wasser, 1 Schüsselchen mit etwas flüssigem Butterschmalz

Mehl in eine große Schüssel geben und Wasser zugießen. So lange kräftig kneten, bis der Teig geschmeidig und fest ist. Je nach Bedarf etwas mehr oder weniger Wasser verwenden. Den Teig mit einem sauberen Tuch abdecken und mindestens eine Stunde ruhen lassen. Dann nochmals kurz durchkneten und etwa walnußgroße Bällchen formen.
Diese mit einer Seite flach in einen bereitgestellten Teller mit Vollkornmehl drücken, in die Mitte der unbemehlten Seite etwas Butterschmalz geben und je zwei Teigstücke so zusammendrücken, daß die Butterseite innen und die bemehlten Seiten außen sind. Das Fett sollte nicht bis zum Rand gehen, da der Teig sonst nicht mehr zusammenklebt.
Auf einem leicht bemehlten Brett die zusammengedrückten Teigstücke gleichmäßig zu einer dünnen Platte (ca. 25 cm ∅) ausrollen und in eine fettfreie, aber heiße Pfanne legen. Nach einigen Minuten wenden und darauf achten, daß überall da, wo sich Blasen bilden, die Ränder außen immer wieder mit einem flachen Schieber zusammengedrückt werden, damit die Luft nicht nach außen weicht, sondern sich innen ausbreitet und die Paratha weich und verdaulich macht.
Sobald die Paratha auf beiden Seiten hellbraun ist, aus der Pfanne nehmen und mit Butter bestreichen.
Die Inder haben eine grandiose Fertigkeit im Füllen dieser Parathas. Die Füllung kann aus Kartoffeln, Rüben, Zwiebeln und sonstigem bestehen, muß aber sehr trocken sein, damit der Teig nicht zu naß wird. Die ebenfalls sehr beliebten

Puris werden genauso hergestellt, jedoch in schwimmendem Butterschmalz ausgebacken.

Israelische Pittas entstehen nach dem selben Grundrezept. Der fertige Teig wird zu kleinen Bällen geformt und dann auf einem bemehlten Brett so dünn wie möglich ausgerollt. Dann wird er in eine fettfreie heiße

Pfanne gelegt und von beiden Seiten hellbraun gebacken. Anschließend bestreicht man ihn mit Butter.

Die Mexikaner nehmen für ihre berühmten **Tortillas** Maismehl und verfahren im übrigen genau so wie alle anderen. Selbstgemachte Tortillas schmecken wunderbar.

Diese aufgeführten, leicht herzustellenden Brotfladen passen übrigens zu jedem Gemüse. In Indien werden sie sogar als »Besteck« verwendet! Auf kleine Fladenstückchen wird das Gemüse geschoben und dann verspeist man seinen »Löffel« zusammen mit der Mahlzeit!
Brot backen tue ich auch gelegentlich sehr gern, meistens werden es allerdings nur Brötchen. Und mein Lieblingsbrot gibt's zum Glück überall zu kaufen. Das Barbara Rütting Brot! Ein echter Volltreffer auf dem Brotsektor.

Käse

Käse ist seit Jahrhunderten ein Nahrungsmittel, das für unsere Ernährung unentbehrlich ist. Wer ihn wohl erfunden hat? Die kühne Behauptung der Griechen im 1. Jahrtausend vor Christi Geburt, daß diese fabelhafte Erfindung nur einem Sohn von Apollo eingefallen sein konnte, wage ich, bei allem Respekt vor Apollo und seinen übrigen Götterkollegen, rundweg anzuzweifeln.
Ich glaube eher, daß irgendeiner Steinzeitfrau, nachdem sie gemerkt hatte, daß man die neuerdings domestizierten Tiere wie Schafe, Ziegen oder Kühe auch melken konnte, sich darüber ärgerte, daß die Milch dauernd sauer wurde. Und da wir Hausfrauen ja seit Jahrtausenden schon gezwungen sind, Reste bestmöglichst zu verwerten und aus der Not auch noch eine Tugend zu machen, entstand der Käse.
Fest steht, daß die alten Römer schon ganz beachtliche Käsefeinschmekker waren, und von dieser Tatsache profitierten dann, je mehr sich das römische Reich ausdehnte, auch die Germanen. Und wie bei so manchen Gaumenfreuden taten sich da ganz besonders die Mönche hervor. Mit Gründung der Klöster in Germanien nahm auch die Käseherstellung einen beachtlichen Aufschwung, Käse als wichtiges Lebensmittel wurde immer beliebter. Kein geringerer als Karl der Große ernannte die Mönche von St. Gallen zu seinen Hoflieferanten. Ihr Käse, fand er, war der beste. Nun denn. Wer würde es wohl heute noch wagen, bei der Vielzahl von Käsesorten zu sagen: Dieser da ist der beste? Insgesamt gibt es übrigens über 2000 Sorten! In Paris kenne ich ein Lokal, da gibt es nur Käse! Über dreihundert verschiedene Sorten. Der erste Eindruck ist überwältigend, aber wenn man ein ganzes Menü nur aus Käse zubereitet bekommt, dann streikt selbst der willigste Magen. Und so sah mein Pariser Käsedinner bei Androuet aus:

zum Aperitif:	kleine Käsehäppchen nach Wahl
zum Magenwärmen:	Käsesuppe
Hauptspeise:	überbackener Käseauflauf
Salat:	Käsesalat
Nachspeise:	Käse

Können Sie sich vorstellen, daß ich wochenlang keinen Käse mehr sehen und riechen konnte?

Gorgonzola-Birnen

4 saftige Williams-Birnen, 200 g Gorgonzola, 60 g Butter, 3 EL Joghurt oder Kefir, je 1 Eßlöffel gehackte Petersilie und Dill, etwas Streuwürze und gemahlener Pfeffer

Birnen waschen, halbieren und vorsichtig das Kerngehäuse herausschneiden. Gorgonzola, Butter, Joghurt, Kräuter und Gewürze mit der Gabel miteinander vermengen und anschließend diese Masse in die ausgehöhlten Birnen füllen.

Käsestangen

50 g Butter, 50 g Vollkornmehl, 100 g geriebener Cheddarkäse, 1 Eigelb, etwas Wasser, 1 TL Senf, 1 EL Bierhefeflocken, 1 Messerspitze Pfeffer, etwas Salz, Rosenpaprika zum Bestäuben

Die weiche Butter mit dem Mehl vermengen, Käse, Eigelb, Senf, Hefeflocken und Gewürze dazugeben und einen festen Teig kneten. Eventuell etwas Wasser beifügen. Teig auf einer bemehlten Platte ausrollen und mit einem Messer in 10 cm lange und ca. 1 cm breite Stücke schneiden. Teigstücke in sich drehen und im vorgeheizten Rohr bei 220° C 5 Minuten auf dem Backblech backen. Anschließend mit etwas Rosenpaprika bestreuen und warm servieren.

Camembert-Champignon-Salat

4 EL Sonnenblumenöl, 2 EL Kräuteressig, 3 EL gehackte Kräuter, 500 g Camembert, 300 g Champignons, 1 Apfel, ½ Tasse gehackte Walnußkerne, Salz, Pfeffer

Aus Öl, Essig, Salz und Pfeffer eine Salatmarinade anrühren und die Kräuter dazumischen. Champignons putzen, in Scheibchen schneiden. Camembert in Streifen oder Würfel schneiden und beides in der Marinade eine halbe Stunde ziehen lassen. Anschließend den Apfel schälen und raspeln und zusammen mit den gehackten Walnüssen unter den Salat mischen.

Limburger Käsesalat

4 EL Distelöl, 1 TL Senf, 1 TL Zitronensaft, Salz, Pfeffer, 2 EL gehackte Gewürzgurken, 1 Zwiebel, 1 Bund Schnittlauch, 300 g Limburger Käse, 1 Fenchelknolle, 2 Tomaten

Aus Öl, Zitrone, Senf, Salz und Pfeffer eine kräftige Marinade anrühren und die gehackten Gewürzgurken sowie die Zwiebel und den Schnittlauch kleingeschnitten dazugeben. Limburger, Fenchel und Tomaten würfeln und alle Zutaten gut vermengen. Dazu frische Pellkartoffeln und eine Wäscheklammer (für die Nase!).

Käse-Wähe

1 Packung Tiefkühl-Blätterteig, 4 EL Semmelbrösel, 6 Scheiben Tartex-Frikadellen, 150 g Edamer in Scheiben, 100 g Champignons, 1 TL Butter, 4 EL Sauerrahm, 2 Eier, Salz und Paprika, 1 EL gehackte Petersilie

Den aufgetauten Blätterteig ca. ½ cm dick ausrollen und in eine leicht gefettete und mit etwas Wasser befeuchtete Springform legen. An den Rändern leicht hochdrücken und mit Semmelbröseln bestreuen. Frikadellen, Käse und Champignons würfeln oder fein schneiden und gleichmäßig auf dem Teig verteilen. Sauerrahm, Eier und Gewürze verquirlen und über den Belag gießen. Im vorgeheizten Backrohr bei 225°C ca. 30 Minuten backen. Anschließend mit Petersilie bestreuen und heiß servieren. Dazu schmecken knackige Salate und herzhafte Suppen.

Seit meine Tochter Daniela in den Genfer Bergen gewohnt hat, kocht sie am liebsten mit Raclette. Von ihr stammt das nächte Gericht.

Vegetarier-Schmaus

4 große Kartoffeln, 3–4 Tomaten, 2 Zwiebeln, 1 EL Butter, 1/8 l Sahne, 300 g Raclette-Käse, Salz, Majoran, Kerbel, Kümmel

Die gekochten Kartoffeln in Scheiben schneiden, Tomaten waschen, häuten und ebenfalls in Scheiben, Zwiebeln in Ringe schneiden. Eine feuerfeste Form mit Butter ausfetten und lagenweise, Kartoffelscheiben, Zwiebeln, Tomaten, Käsewürfel oder -scheiben hineinschichten. Jede Lage gründlich würzen und mit Kartoffelscheiben abschließen. Mit Sahne übergießen und im vorgeheizten Rohr bei 225° C 30 Minuten backen. Dazu Brunnenkressesalat!

Käsespießchen

150 g Edamer, 150 g Tilsiter, 150 g Appenzeller, 150 g Emmentaler, 2 Williamsbirnen, 2 Äpfel, 1/2 Melone, 1 Tasse blaue und grüne Weintrauben, 1 Grapefruit

Die Käsesorten in kleine Würfel schneiden und abwechselnd mit dem gewaschenen und ebenfalls gewürfelten Obst und den Beeren der Weintrauben auf Spieße stecken. Die Käse-Obst-Spieße kreisförmig in die Grapefruit stecken und als kleinen Nachmittagsimbiß servieren. Einen festeren »Stand« haben die Spießchen, wenn man einen mittelgroßen Kohlkopf mit Alufolie umwickelt und dahinein die Spießchen steckt!

Gebackener Camembert mit eingemachten Preiselbeeren

4 Camembert-Hälften, 1 Ei, etwas Milch, Semmelbrösel, Salz, eingemachte Preiselbeeren, Butterschmalz zum Fritieren

Camemberthälften in eine Mischung aus Milch und Ei tauchen und anschließend in Semmelbröseln und Salz wälzen. Im heißen Butterschmalz schwimmend ausbacken und mit Preiselbeeren servieren.

Käsetaschen

1 Packung Tiefkühl-Blätterteig, 500 g Champignons, 1 gehackte Zwiebel, 2 EL Butter, ⅛ l Sahne, 2 EL gehackte Petersilie, Salz, 8 Scheiben Käse, 2 Eigelb oder Milch zum Bestreichen

Aufgetauten Blätterteig ausrollen und 8 Vierecke ausschneiden. Die geputzten, kleingeschnittenen Champignons mit den Zwiebeln in der Butter gar dünsten, mit Sahne löschen und salzen. Petersilie unterrühren und abkühlen lassen. Die Blätterteigvierecke mit je einer Käsescheibe belegen, mit einem Eßlöffel Champignons auf dem Käse verteilen und den Blätterteig zu Taschen zuklappen. Vorher Ränder mit Eigelb bestreichen, dann gut zudrücken. Taschen nochmals mit Eigelb oder Milch bestreichen und im vorgeheizten Backrohr bei 220° C ca. 20 Minuten backen.

Pikante Käsetorte

2 Gewürzgurken, 2 Zwiebeln, 2 rote Paprikaschoten, 5 EL Maiskörner, 1 kg Magerquark, 2 EL Butterschmalz, 3 Eier, je 2 EL gehackter Dill, Petersilie, 1 TL Knoblauchgranulat, 1 TL Paprikapulver, 1 EL Butter, 1 TL oder mehr Kräutersalz, 2 EL Weizenkeime

Gurken, Zwiebeln und Paprika kleinschneiden und zusammen mit den Maiskörnern im heißen Fett dünsten. Eier verquirlen und unter den Quark rühren. Mit Kräutern und Gewürzen pikant abschmecken und das abgekühlte Gemüse darunterrühren. Die Masse in eine gefettete und mit Weizenkeimen bestreute Kuchenspringform füllen und bei 220° C ca. 60 Minuten backen. Falls die Oberfläche zu schnell bräunt, mit Alufolie abdecken.

Vier-Länder-Salat

150 g Cheddar, 150 g Appenzeller, 150 g Gouda, 150 g Emmentaler, 3 EL Essig, 5 EL Olivenöl, 1 rote Paprikaschote, ½ Tasse entkernte schwarze Oliven, 1 in Ringe geschnittene Salatzwiebel, 3 Gewürzgurken, Salz, Pfeffer

Alle Käsesorten klein würfeln oder in Streifchen schneiden. Dann aus Essig, Öl, Salz und Pfeffer eine Salatmarinade anrühren, Paprika waschen, entkernen und würfeln und zusammen mit Oliven, Zwiebelringen und gehackten Gewürzgurken dazugeben. Nun alle Zutaten miteinander vermischen, kühl stellen und gut ziehen lassen.

Käsekugeln, rot-weiß-grün

200 g Camembert, 200 g Gervais, 50 g Butter, Salz, 1 Bund Schnittlauch, 3 EL geröstete Sesamkerne, 1 EL Paprika, edelsüß

Aus Camembert, Gervais, Butter und Salz einen Teig kneten und kleine Kugeln daraus formen. Abwechselnd in gehacktem Schnittlauch, geröstetem Sesam und Paprika wälzen. Als kleiner Imbiß zu Salat oder Wein und Brot.

Florians Käsetoast

Im allgemeinen schicken die Leute ihre Kinder auf's Land, damit sie endlich mehr Appetit kriegen. Bei unserem Florian war es genau umgekehrt. Solange wir auf dem Dorf lebten, mußte ich ihm mit jedem Häppchen Essen in den hintersten Winkel der Wohnung nachlaufen. Kaum waren wir in die Stadt gezogen, entwickelte er einen schier unstillbaren Appetit und begann mich schon beim Frühstück zu löchern, was ich ihm heute wohl alles kochen würde. An einem dieser Tage, als ich so gar keine Lust zum Kochen hatte, »entwickelte« ich diesen Super-Spezialtoast für hungrige Floris.

200 g Champignons, ½ gehackte Zwiebel, 4 Scheiben Toastbrot, Sojasprossen, 3 Tomaten, 4 Scheiben Emmentaler, Salz, Kräuter, Butter

Geputzte, kleingeschnittene Champignons mit Zwiebel und Butter dünsten, Toastscheiben kurz von beiden Seiten anrösten, mit Champignonmasse bestreichen, dann Sojasprossen, Tomatenscheiben und Emmentaler auflegen, würzen und im Rohr bei 175°C überbacken, bis der Käse schmilzt.

Käseavocados

2 Avocados, 1 Becher Hüttenkäse, 1 Boursinkäse, 2 EL Sauerrahm, 2 zerdrückte Knoblauchzehen, ½ gehackte Zwiebel, 1 EL gehackte Petersilie, 1 TL Zitronensaft, 1 knapper TL Salz, Pfeffer

Avocados halbieren, entkernen und das Fruchtfleisch vorsichtig mit einem Löffel herauskratzen. Hüttenkäse durch ein Sieb drücken und zusammen mit dem Boursin und dem Avocadofleisch zu einem Brei rühren. Sauerrahm, Knoblauch, Zwiebel und Petersilie zugeben und mit Zitronensaft, Salz und Pfeffer abschmecken. Die Avocado-Käsecreme entweder in den Avocadoschalen oder in Steingutschüsselchen servieren.

Käsekroketten

400 g Camembert, 3 große gekochte Kartoffeln, 2 EL Weizenkleie, 1 TL Salz, 1 EL Soja-Fettarm, 1 Eigelb, 1 Prise Muskat, Pfeffer, 2 EL gehackte Petersilie, 1 geschlagenes Ei, Semmelbrösel, Fett zum Ausbacken

Die heißen Kartoffeln mit Camembert, Weizenkleie, Eigelb, Soja und Petersilie zu einem festen Brei kneten, mit den Gewürzen abschmecken und zu kleinen Kroketten formen. In Ei und Semmelbröseln wälzen und in heißem Fett goldbraun ausbacken.

Panir

(selbstzubereiteter Käse nach indischem Rezept)

2 l Vollmilch, 1 Zitrone, 1 Mulltuch, Butterschmalz oder Kokosfett zum Ausbacken

Milch in einem großen Topf zum Kochen bringen und dann unter ständigem Rühren den Saft einer Zitrone zugießen. Sobald sich Quarkflokken bilden und die Molke hellgelb geworden ist, den Topfinhalt in ein großes Sieb, das mit einem Mulltuch ausgelegt ist, hineingießen und die Molke ablaufen lassen. Anschließend die Ecken des Tuches zusammenbinden und zum Abtropfen über ein Gefäß hängen. (Ich nehme dazu gerne meinen Wasserhahn, der hat gerade die richtige Höhe.) Sobald der Käse abgekühlt ist, wringt man das Mulltuch kräftig aus. Dann legt man das Mulltuch mit dem Käse auf ein Brett und legt einen schweren Gegenstand (Wasserkessel, schwerer Topf, großer Stein oder ähnliches) oben darauf. Je schwerer, um so besser. Auf diese Weise wird der Rest Molke herausgepreßt und der Käse schnittfest. Nach ca. 2 Stunden den Käse aus dem Tuch wickeln und in 1 cm große Würfel schneiden. Käsewürfel in heißem Fett schwimmend ausbacken.

Matar Panir

4 Zwiebeln, 2 rote Bete, 3 EL Butterschmalz, 1 TL Salz, 1 TL Cuminpulver, 1 TL Koriander, 1 TL Kurkuma, Salz, Pfeffer, 1 Packung Tiefkühl-Erbsen, Panir aus 2 l Vollmilch

Zwiebeln schälen, kleinschneiden und im heißen Butterschmalz ⅔ goldgelb dünsten. Rote Bete waschen, schälen und raspeln, 20 Minuten mit den Zwiebeln dünsten lassen, dann die Gewürze und Erbsen darunterrühren und eventuell etwas Flüßigkeit beifügen. Die bereits fertiggestellten Panirwürfel vorsichtig unter das Gemüse heben und mit den restlichen Zwiebeln bedecken. Bei geschlossenem Deckel weitere 15 Minuten garen lassen. Mit Kartoffeln oder Brot servieren.

Harish Joharis

Chana Panir

(selbstgemachter Käse in Linsen-Tomatengemüse)

1 Tasse Linsen, 3 Zwiebeln, 3 EL Butterschmalz, 2 TL Koriander, 1 TL Salz, 1 TL Kurkuma, 2–3 Tomaten, Panir aus 2 l Vollmilch, 1 EL Cumin, Pfeffer, Sojasauce

Linsen am Abend vorher in reichlich Wasser einweichen. Die Zwiebeln schälen, hacken und im heißen Fett goldgelb dünsten. Die Linsen dazugeben und mit ca. 4 Tassen Wasser auffüllen. Koriander, Salz und Kurkuma unterrühren und die gehäuteten und gewürfelten Tomaten dazugeben. So lange kochen, bis die Linsen gar sind, dann die Panirwürfel darunterheben und noch einige Minuten köcheln lassen. Mit Cumin, Pfeffer und etwas Sojasauce abschmecken und 15 Minuten bei geschlossenem Deckel ziehen lassen. Schmeckt einfach umwerfend gut!

Käsesoufflé

1 EL Mehl, 50 g Butter, ¼ l Milch, ¼ l Sahne, 1 Messerspitze Muskatnuß, Pfeffer, 1 TL Salz, 1 TL Senf, 4 Eier, 150 g geriebener Käse Gruyère, Cheddar o.ä.), ½ Tasse Semmelbrösel

Mehl in etwas Butter erhitzen und mit Milch aufgießen. Nach und nach Sahne beifügen und mit Muskat, Pfeffer, Salz und Senf würzen. Sobald die Sauce abgekühlt ist, die Eigelb darunterrühren. Dann den geriebenen Käse dazugeben und das steifgeschlagene Eiweiß vorsichtig unterheben. Die Masse in eine feuerfeste gebutterte und mit Semmelbröseln bestreute Auflaufform füllen und im vorgeheizten Backrohr 25–35 Minuten bei 220° C backen.

Quiche Lorraine

Für den Mürbteigboden: 200 g Vollkornmehl, 200 g Butter, 1 Ei, eventuell etwas Wasser, 1 Prise Salz
Für den Belag: 250 g geriebener Emmentaler, ¼ l süße Sahne, 4 Eier, ½ TL Salz, 1 Messerspitze weißer Pfeffer, 1 Messerspitze Muskatnuß, 1 EL feingehackte Zwiebel

Mehl, Butter und Ei zu einem geschmeidigen Mürbeteig verarbeiten und in eine gutgefettete runde Kuchenform drücken. Sorgfältig darauf achten, daß keine Risse entstehen und der Rand hoch genug ist, damit die Füllung nicht auslaufen kann. Getrennt Sahne und Eiweiß steif schlagen, geriebenen Käse, Zwiebel und Gewürze darunterziehen und in die Form gießen. Bei 200°C 40 Minuten im Rohr überbacken, eventuell mit Alufolie abdecken, damit die Quiche nicht zu schnell bräunt. 20 Minuten abkühlen lassen und warm servieren. Mit einem guten Gläschen Wein ein Hochgenuß!

Käse-Tomaten-Crêpes

3 Eier, 1 Tasse Vollkornmehl, 1 Tasse Milch, 1 Messerspitze Salz, 1 Tasse Hüttenkäse, 1 Tasse Kräuterkäse (Cantadou, Gervais oder ähnliches), 1 TL Zitronensaft, Salz, Butterschmalz, 5 Tomaten, 1 Bund Petersilie

Aus Eiern, Mehl, Milch und Salz einen Pfannkuchenteig herstellen und in etwas Butterschmalz kleine, sehr dünne Pfannkuchen ausbacken. Aus Hüttenkäse, Cantadou, Zitronensaft und Salz einen pikanten Brei herstellen und damit die Pfannkuchen füllen. Tomaten in Scheiben schneiden, auf die Käsecrêpes legen und mit Petersilie dekorieren.

Gebackene Käseschnittchen

½ Tasse Mehl, 2 Tassen Milch, 1 Zwiebel, 1 Tasse geriebener Cheddar Käse, 1 EL gehackte Petersilie, ½ TL Senf, Salz, Pfeffer, 1 geschlagenes Ei, 1 Tasse Semmelbrösel, Butterschmalz zum Ausbacken

Mehl in etwas Butterschmalz einrühren, mit der Milch löschen. Unter ständigem Rühren einige Minuten kochen lassen. Die Zwiebel in den dicken Brei reiben, mit Senf, Salz und Pfeffer abschmecken und mit der Petersilie und dem geriebenen Cheddar Käse gründlich vermengen. Die Masse auf ein feuchtes Blech streichen und erkalten lassen. Kleine Schnittchen mit dem Messer abschneiden, in Ei und Semmelbröseln wälzen und im heißen Butterschmalz ausbacken.

Käsesalat mit Trauben

500 g grüne oder blaue Trauben, 1 Apfel, 250 g Gouda, 1 Becher Joghurt, 3 EL Sauerrahm, 1 Eigelb, 1 TL Zitronensaft, 1 Messerspitze Zucker, Streuwürze, 50 g Walnüsse

Trauben heiß und kalt abwaschen, halbieren und entkernen. Apfel schälen und in dünne Stifte schneiden. Käse würfeln und mit den Weintrauben und Apfelstiften vermengen. Salatcreme aus Joghurt, Sauerrahm, Eigelb, Zitronensaft, Zucker und Streuwürze anrühren und über den Salat gießen. Walnüsse hacken und darüberstreuen. Vor dem Servieren gut durchziehen lassen.

Tropen-Snack

2 Kiwis, 2 Mangos, 2 Orangen, 2 reife Papayas, Saft einer halben Zitrone, ½ Pfund Trauben oder Erdbeeren, 1 Kopfsalat, 400 g Hüttenkäse, 1 Becher Crème fraîche

Kiwis, Mangos und Orangen schälen, Papayas schälen, Kerne entfernen und in Würfel oder Viertel schneiden. Trauben und Erdbeeren waschen, etwas Zitronensaft über das Obst träufeln. Kopfsalat waschen und die Früchte auf den Salatblättern verteilen. In die Mitte einen Berg Hüttenkäse setzen und etwas Crème fraîche darübergießen.

Käsekartoffelpuffer

3 Pfund Kartoffeln, 1 Zwiebel, 1 EL Zitronensaft, Salz, 4 Eier, 150 g geriebenen Parmesankäse, 150 g Gouda, 2 EL Schnittlauch, Butterschmalz oder Öl zum Ausbacken

Kartoffeln und Zwiebel schälen und in eine Schüssel reiben. Mit etwas Zitronensaft vermengen. Eier, geriebenen Käse, Schnittlauch und Salz mit der Masse verrühren und in heißem Fett kleine Puffer backen.

Käsecroutons

6 Scheiben Toastbrot, 4 Ecken Kräuterschmelzkäse, 80 g Butter, Kräutersalz

Schmelzkäse, Butter und Salz zu einer weichen, streichfähigen Masse zerdrücken und auf die Toastbrote streichen. Toastscheiben in 4 oder mehr Quadrate schneiden und auf dem Backblech im vorgeheizten Rohr bei 175°C. Ca. 15–20 Minuten backen lassen. Zu Weißwein als warmer Snack gedacht.

Käsesauce mit Dill

250 g Magerquark, 250 g Appenzeller oder geriebener Parmesan, 2 EL Kräuteressig, 2 Bund Dill, 1 TL Knoblauchsalz, ¼ l Milch, 1 Becher Joghurt

Alle Zutaten im Mixer oder mit einem Mixstab zu einer flüssigen Sauce verarbeiten und zum Schluß den gehackten Dill darunterrühren. Paßt besonders gut zu Pellkartoffeln.

Obst

Äpfel

Äpfel sind etwas herrliches, finden Sie nicht auch? In England sagt man »An apple a day, keeps the doctor away«, und ich bin der Meinung, da ist viel Wahres dran. Als Kind mußte ich täglich drei bis vier Äpfel essen, fand das gelegentlich aber ziemlich lästig, auch wenn meine Mutter sie mir noch so liebevoll herrichtete. Natürlich wußte ich damals auch noch nichts von Vitaminen, Pektinen und anderen segensreichen Eigenschaften des Apfels. Seit Jahrtausenden gehört er zur Urnahrung der Menschheit, und unzählige Generationen haben mit rohen Äpfeln Durchfallerkrankungen bekämpft und sind mit gekochten Äpfeln Verstopfungen erfolgreich zu Leibe gerückt. Das in den Äpfeln reichlich enthaltene Pektin senkt nachweisbar den Cholesterinspiegel des Blutes und fördert die Blutgerinnung. Außerdem wird dem Apfel nachgesagt, daß er die Nerven beruhigt und die Abwehr von Gicht und Rheuma günstig beeinflußt. Er sorgt in jedem Fall für gute Verdauung und klaren Teint. Bei langen Autofahrten nehme ich mir immer genügend Äpfel mit auf die Reise. Erstens hält mich das Kauen munter, zweitens sorgt der so eingenommene Fruchtzucker für einen zusätzlichen Energieschub, und außerdem habe ich hinterher vom langen Sitzen nie, nie Verstopfung! Hier noch mein Geheimtip für ein paar preiswerte Entschlackungstage:

Mein Apfelmüsli

2 geriebene Äpfel, 2 EL Haferflocken, 1 EL Bienenhonig, 1 EL Pinienkerne oder geriebene Mandeln, etwas Milch oder Sahne oder Joghurt

Alles gut miteinander vermengen und zweimal täglich essen. Dazu über den Tag verteilt 1½ l Mineralwasser oder Tee. Bei Hunger auf etwas Salziges, ist eine Tomate oder eine Kartoffel mit Salz erlaubt. Das macht schön, widerstandsfähig, schlank und ist sehr gesund!

Beschwipste Apfelscheiben

4 Äpfel, 3 EL Fruchtzucker, 1 EL Zimt, einige Nelken, 3 EL Rosinen, 1/4 l Weißwein, 1 Glas entkerntes Kirschenkompott, 1/2 Tasse geröstete Mandelsplitter

Äpfel schälen, das Kernhaus ausstechen und das Fruchtfleisch in Scheiben schneiden. Apfelscheiben in eine Pfanne oder Kasserolle legen und mit Zucker, Zimt, Nelken und Rosinen bestreuen. Weißwein dazugießen und ca. 15 Minuten dünsten lassen. Vor dem Servieren noch Kirschenkompott daruntermischen und mit Mandelsplittern bestreuen.

Apfelcreme

4 Äpfel, 1 Zitrone, 3 EL Fruchtzucker, 1 Messerspitze Zimt, 1 TL Anis, 1 Päckchen Vanillinzucker, 250 g Quark, 1/4 l süße Sahne, 1/2 Glas Maraschinokirschen, 2–3 El gehackte Mandeln

Äpfel schälen, entkernen und würfeln. Mit Zucker, Zitronensaft, Anis, Zimt und Vanillinzucker dünsten und anschließend mit der Gabel zerdrücken. Sahne und Quark miteinander verrühren und anschließend mit dem Apfelbrei vermischen. Maraschinokirschen kleinschneiden, unter die Mischung heben und die Creme mit gehackten Mandeln bestreuen.

Gefüllte Äpfel

4 große Äpfel, 2 EL Erdnußbutter, 2 EL feingehackte ungesalzene Erdnüsse, 1 EL Sanddornsaft

Die Äpfel waschen und das Kerngehäuse ausstechen. Erdnußbutter, Nüsse und Sanddorn gut verrühren und die Äpfel damit füllen. Im Backrohr bei ca. 200°C 20 Minuten backen. Übrigens kann man die Äpfel auch mit einer Quark/Honig-Mischung füllen, mit Pflaumen-, Mandel- oder Haselnußmus oder mit Hagebuttenmark!

Äpfel in Vanillesauce

4 Äpfel, etwas abgeriebene Zitronenschale, Saft von 2 Zitronen, Fruchtzucker, ¼ l Wasser, 1 Päckchen Vanillesauce, ⅛ l Milch, ⅛ l süße Sahne, 4 EL Mandelsplitter

Äpfel schälen, halbieren und Kernhaus entfernen. Wasser, Zucker und Zitronensaft erhitzen und Äpfel 20 Minuten dünsten lassen. Vanillepulver mit Sahne und Milch anrühren, etwas Zitronenschale dazureiben und die Sauce über die Apfelhälften gießen. Mandelsplitter im Backrohr oder in einer fettfreien Pfanne goldbraun rösten und über die Speise streuen.

Die Erdbeerknödel der Linzer Omi

Für den Teig: 250 g Quark, 2 Eier, 500 g Mehl, 2 EL Sauerrahm, 80 g Butter, 1 kg schöne Erdbeeren
Panade: 100 g Fruchtzucker, 100 g geriebene Haselnüsse oder Mandeln, 100 g zerlassene Butter

Zuerst die Eier trennen. Dann aus Quark, Eigelb, Butter, Mehl und Sauerrahm einen geschmeidigen Teig anrühren. Eiweiß zu Schnee schlagen und ebenfalls daruntermengen. Je eine große oder drei kleine Erdbeeren mit etwas Teig umhüllen und einige Minuten in kochendes Salzwasser legen. Mit dem Schaumlöffel herausholen, abtropfen lassen und in zerlassener Butter mit Zucker und geriebenen Nüssen wälzen.

Unsere Linzer Omi, die eine hervorragend Köchin ist, verwendet denselben Teig auch zum Füllen mit Aprikosen, Pfirsichen, Pflaumen, Himbeeren und sogar Heidelbeeren. Ich kann Ihnen nur raten, dies so bald wie möglich auszuprobieren!

Gefüllte Pflaumen

20–30 schöne reife Pflaumen, 20–30 süße geschälte Mandeln, ½ Wasser, 4 EL Fruchtzucker, 1 Stange Zimt, Nelken, 1 TL Anissamen, ¼ l Sahne, 1 EL Zucker

Pflaumen leicht einschneiden und entkernen, anschließend mit je einer Mandel füllen. Wasser mit Zucker, Zimt, Nelken und Anis zum Kochen bringen und die Pflaumen ca. 20 Minuten kochen lassen. Mit süßer Schlagsahne servieren.

Halva

1 Tasse Weizengrieß, 1 Tasse Weizenkeime, 2 EL Butter, ½ Tasse Rosinen, ½ Tasse Pinienkerne, ½ Tasse Kokosraspeln, 100 g Fruchtzucker, 3 Tassen Wasser, 1 Prise Kardamom, 1 Prise schwarzer Pfeffer

Grieß und Weizenkeime in einer trockenen Pfanne rösten, bis es leicht nach Nüssen riecht. Dann erst die Butter beifügen und anschließend unter ständigem Rühren das Wasser zugießen. Bei mäßiger Hitze 10 Minuten quellen lassen. Anschließend Zucker, Nüsse, Rosinen, Kokosflocken und Gewürze darunterrühren und einige Minuten weiter kochen. Etwas abkühlen lassen und dann mit frischer Sahne servieren.

Zucker

Vermeiden Sie nach Möglichkeit jeglichen Industriezucker! Er bietet nichts als überflüssige leere Kohlenhydrate und ist ein katastrophaler Vitamin-B-Räuber. Honig und Datteln sind genauso süß, liefern aber die notwendigen Stoffe mit, die der Körper zum Verarbeiten des Zuckers braucht. Übrigens, in China ist der Zucker sogar rationiert. Es gibt pro Monat und Person nur 1 Pfund! Das müßte man bei uns mal machen. Dann hätten die Zahnärzte sicher bald weniger zu tun.

Orangendessert

8 saftige kernlose Orangen, 2 EL Fruchtzucker, 1 Handvoll Pinienkerne, 2–3 Stamperl Maraschino, 1/4 l süße Sahne, 2 EL geraspelte Schokolade

Orangen schälen, zerteilen und die einzelnen Stücke von der Haut befreien. Die Orangenfilets mit Zucker, Pinienkernen und Marschino vermengen. Sahne steif schlagen und über die Obstmischung geben. Zum Schluß mit geraspelter Schokolade bestreuen.

Süße Reiskugeln

250 g Reis, 3/4 l Milch, 3 EL Fruchtzucker, 250 g Quark, 1 EL abgeriebene Zitronenschale (ungespritzt!), 1 Tasse geriebene Mandeln oder Haselnüsse, 2 EL Butter, 1 Glas fertige Himbeersauce

Aus Reis und Milch einen Brei kochen, abkühlen lassen und Quark, Zucker und Zitronenschale darunterrühren. Aus dieser Masse kleine Kugeln formen, in heißer Butter kurz schwenken und dann in den geriebenen Nüssen wälzen. Dazu gibt es heiße Himbeersauce!

Holunder

Wenn ich als Kind krank wurde, mußte ich immer Holundertee trinken. Das fand ich scheußlich. Das einzige, was mich dann anschließend mit meiner Krankheit versöhnte, ja sie mir sogar in einem recht erstrebenswerten Licht erscheinen ließ, war die Tatsache, daß ich erstens so viel Honigbrote essen durfte wie ich wollte, und zweitens, daß meine Mutter Holundersuppe mit Grießklößchen kochte. Das fand ich herrlich, da ließ sich das Kranksein ganz gut ein paar Tage ertragen. Noch heute erinnere ich mich beim Anblick eines Holunderbusches ganz automatisch an Grippe und Schwitzkuren. Die Tatsache, daß ich immer nur volle, »unberührte« Holunderbüsche sehe, deutet daraufhin, daß die Heilmethoden unserer Mütter und Großmütter leider sehr in Vergessenheit geraten sind. Schade! Heute kennt man fast nur noch bei jeder Kleinigkeit den Gang in die Apotheke und zum Arzt. Und der stöhnt dann wieder, daß die Menschheit immer kränker wird und die Krankenkassen winden sich verzweifelt unter der ständig wachsenden Kostenexplosion. Ein schlimmer, ja ein unmöglicher Kreislauf, wie ich finde, der leicht unterbrochen werden könnte, wenn jeder wieder einen (oder auch mehrere) Schritte zurück zur Natur machen würde.

Holundersuppe mit Grießklößchen

Für die Suppe: 1 kg Holunderbeeren, ½ l Wasser, 2 EL Honig, etwas Zimt, 5 Nelken, Saft und Schale einer ungespritzten Zitrone
Für die Klößchen: 200 g Milch, 1 EL Butter, 1 Päckchen Vanillinzucker, 80 g Grieß, 1 Ei, 1 Prise Salz, Wasser zum Kochen

Holunderdolden gut waschen (meist tragen sie Läuse), dann die Beeren mit einer Gabel von den Dolden abstreifen und mit dem Wasser und den Nelken 10 Minuten köcheln lassen. Durch ein Sieb rühren und mit Zimt, Zitronensaft und -schale, dazu den Honig abschmecken. Für die Klößchen Milch zum Kochen bringen, Butter, Salz, Vanillinzucker und Grieß einrühren und ca. 20 Minuten quellen lassen. Anschließend das Ei daruntermischen. Dann mit einem Teelöffel kleine Klößchen abstechen und diese im kochenden Salzwasser 10 Minuten ziehen lassen. Mit einem Schaumlöffel herausheben, abtropfen lassen und auf die Holundersuppe setzen.

Aprikosencreme

14 halbe Aprikosen (aus der Dose), 6 EL Aprikosensaft, 2–3 El Rohzucker, 1–2 EL Zitronensaft, 2 Eier, getrennt, 3–4 ML Biobin, 1 Handvoll Pistazien

10 Aprikosenhälften mit der Gabel zerdrücken oder im Mixer zerkleiner. Aprikosensaft, Zucker, Zitronensaft, Eigelb und Biobin dazugeben

und alles miteinander verrühren. Dann Eiweiß steif schlagen und unter das Aprikosenmus melieren. Die Creme in vier Glasschälchen füllen und auf jedes eine halbe Aprikose setzen. Zum Schluß mit Pistazien verzieren.

Feine Honigcreme

¼ l Diät-Kurmolke, 2 Eigelb, 3 EL Honig, 5–6 ML Biobin, 2 TL Rum, 2 Eiweiß, Zucker nach Belieben

Molke, Eigelb, Honig und Rum verrühren, anschließend Biobin einstreuen und gut verrühren. Nach Belieben mit Zucker oder auch Süßstoff nachsüßen. Eiweiß steifschlagen und vorsichtig unter die Creme heben. Vor dem Servieren kühl stellen.

Bananencreme

Bananen, 4 Williamsbirnen, ½ Zitrone, 1–2 EL Fruchtzucker, 2–3 El geraspelte Schokolade, ¼ l süße Sahne

Bananen mit Zucker und Zitronensaft zu Brei zerdrücken, Birnen schälen, entkernen und kleingeschnitten daruntermengen. Mit Schlagsahne und geraspelter Schokolade garnieren und kalt servieren.

Kalifornisches Pfirsichdessert

500 g Pfirsiche, 1 kleine Dose Mandarinen, 1 großer Becher Hüttenkäse, 3 EL Fruchtzucker, 2–3 Stamperl Cointreau, 2 EL geröstete Mandelblättchen

Pfirsiche kurz in heißes Wasser tauchen und dann häuten. Anschließend halbieren, entkernen und in kleine Stücke schneiden. Hüttenkäse mit Zucker vermengen, in einer Schale oder einem großen Teller anrichten und die Mandarinen und Pfirsichstücke hübsch angeordnet dazulegen.

Cointreau über das Obst träufeln und zum Schluß geröstete Mandelblättchen über die Speise streuen.

Süße Quarkbällchen

250 g Quark, 1/8 l süße Sahne, 2 EL Rosinen, 2 EL gehackte Cashewkerne, 1 Tüte Vanillinzucker, 1/2 Tasse kleingeschnittene Datteln, Puderzucker und geraspelte Schokolade

Aus Quark, Sahne, Rosinen, Cashewnüssen und Vanillinzucker eine Masse anrühren, kleine Kugeln formen und abwechselnd in Puderzukker und geraspelter Schokolade wälzen. Dazu ein Obstsalat aus frischen Früchten oder auch Eis!

Früchtebecher mit Vanillepudding

2 Orangen, 2 Äpfel, 1 Banane, 2 Pfirsiche, 1 Tasse entkernte Trauben, 1 Kiwi, 1 Tasse entkernte Kirschen, 1/2 Tasse gehackte Walnüsse, 1/2 Honigmelone, 1 Päckchen Vanillepudding, 1/2 l Milch, 3 EL Schokostreusel, Saft einer Zitrone, 3 EL Früchtezucker

Das Obst waschen, schälen, schneiden und mit Zitronensaft, Zucker und Walnüssen vermengen. Nach Packungsvorschrift Vanillepudding zubereiten, abkühlen lassen und lauwarm über den Obstsalat gießen. Das ganze kalt stellen und vor dem Servieren mit Schokostreuseln bestreuen.

Marzipankrapfen

500 g Weizenmehl, 1 Päckchen Hefe, 50 g Zucker, 1/4 l Milch, 3 Eier, 50 g Butter, 100 g Marzipan, genügend Butterschmalz oder Kokosfett zum Ausbacken, Puderzucker

Weizenmehl in eine Schüssel geben und in die Mitte eine Mulde drükken. Hefe mit Zucker und etwas warmer Milch verrühren, ins Mehl gießen und ca. 15 Minuten gehen lassen. Eier, Marzipan und die restliche Milch schaumig rühren und zu dem Vorteig in die Schüssel geben. Hier mit dem übrigen Mehl gut verkneten. Wieder eine halbe Stunde gehen lassen, dann kleine Bällchen formen und diese nochmals 15 Minuten ruhen lassen. Anschließend werden sie in heißem Fett schwimmend ausgebacken. Das überschüssige Fett wird von Küchenpapier aufgesaugt. Zum Schluß werden die Krapfen mit Puderzucker bestreut.

Zabaglione

6 Eigelb, 6 EL Zucker, ½ l Dessertwein (Madeira o.ä.)

Zucker und Eigelb cremig rühren. Dann im Wasserbad den Wein langsam dazugießen und mit dem Schneebesen kräftig so lange schlagen, bis die Masse durch und durch schaumig ist und das doppelte Volumen erlangt hat. Warm servieren.

Mousse au chocolat

125 g Schokolade, 1 EL Wasser, 2 Eier getrennt, 2 EL süße Sahne, 3 EL Kokosraspel

Schokolade in eine Schüssel geben und im Warmwasserbad schmelzen lassen. Eigelb und Wasser hineinrühren, das geschlagene Eiweiß darunterheben. In Portionsgläser füllen, kalt stellen und vor dem Servieren mit etwas Sahne und Kokosraspeln verzieren.

Tante Lillis Blaubeer-Datscherl

Wenn es bei Tante Lilli Blaubeer-Datscherl gibt, dann ist das jedesmal ein Fest. Sie verwendet dafür nämlich nicht irgendwelche vom Markt gekauften Blaubeeren (Heidelbeeren), sondern nur selbstgepflückte! Dafür steigt sie ein paar Mal im Sommer auf eine Alm in den Salzburger Bergen und pflückt unermüdlich von früh bis spät, bis alle Kannen gefüllt sind. Wenn sie dann abends erschöpft heimkommt, mit Schmerzen im Kreuz, tintenblauen Fingern und einem Bombenmuskelkater, dann kann keiner mehr bis zum nächsten Tag warten: die Datscherl muß es noch am selben Abend geben! Zum Glück sind sie schnell zubereitet und Tante Lilli hat genügend Routine. Wieviel sie wohl schon in ihrem Leben gebacken hat? Probieren Sie's doch auch einmal. Sie brauchen ja nicht gleich auf eine Alm zu steigen. Zur Not tun's zum Anfang auch Blaubeeren vom Markt.

500 g Blaubeeren, 100 g Mehl, 2 Eier, ca. ¼ l Milch, 1 Prise Salz, Zucker zum Bestreuen, Kokosfett zum Braten

Aus Mehl, Eier, Milch und etwas Salz einen nicht zu flüssigen Teig anrühren und diesen über die gewaschenen Blaubeeren gießen. In einer großen Pfanne mit heißem Fett den Blaubeerteig eßlöffelweise kleine Fladen auf beiden Seiten bei mittlerer Hitze knusprig braten. Mit Zukker bestreuen und heiß servieren. Dazu ein großes Glas kalte Milch!

Mangosoufflé

6 Eier getrennt, 6 EL Fruchtzucker, 1 EL Maizena, 6 EL Mangosaft (aus dem Reformhaus), Saft einer halben Zitrone, Schokoladewaffeln

Eiweiß steifschlagen und Maizena darunterheben. Zucker und Eigelb schaumig rühren, Mango- und Zitronensaft dazugeben und alles vorsichtig mischen. Die Masse in eine leicht gebutterte Auflaufform füllen und bei 220°C ca. 20 Minuten überbacken. Mit Schokoladewaffeln dekorieren und sofort servieren.

Sesam-Haferflocken-Makronen

125 g Butter oder Margarine, 250 g Zucker, 2 Eier getrennt, 200 g Haferflocken, 100 g geröstete Sesamsamen, 100 g Rosinen

Butter, Zucker und Eigelb schaumig rühren, Eiweiß steifschlagen und vorsichtig unter die Buttermischung ziehen. Rosinen, Sesam und Haferflocken dazugeben und mit zwei Teelöffeln kleine Häufchen auf ein gefettetes Backblech oder auf Backoblaten setzen. Im vorgeheizten Backrohr bei 220°C 10 Minuten backen.

Birnen-Auflauf

2 EL Butter, 4 Eigelb, 500 g Magerquark, 4 EL Weizenkeime,
4 EL Fruchtzucker, 1 Zitrone, 2 Eiklar, 4 Birnen,
3 EL gehackte Mandeln

Butter schaumig rühren und nach und nach Eigelb, Quark, Weizenkeime und Zucker dazugeben. Saft und abgeriebene Schale einer ungespritzten Zitrone beifügen, dazu den Schnee von zwei Eiklar. Die Hälfte der Masse in eine feuerfeste gebutterte und mit Semmelbröseln bestreute Form füllen und die geschälten, entkernten, kleingeschnittenen Birnenstückchen darauflegen. Den Rest der Quarkmasse darüberstreichen und mit Mandeln bestreuen. Im vorgeheizten Rohr bei 220°C ca. 45 Minuten backen.

Zitronenreis

1 Tasse Reis, 2 Zitronen, 1 Prise Salz, 2 Tassen Wasser, 200 g Magerquark, 3 Eigelb, ⅛ l Sahne, Zucker nach Belieben, 1 EL abgeriebene Zitronenschale, fertige Himbeer- oder Schokoladensauce

Reis mit dem Saft von 2 Zitronen und dem Wasser ca. 30 Minuten zugedeckt quellen lassen. In den letzten fünf Minuten Deckel abnehmen und ein paar Mal umrühren. Quark, Eigelb, Zucker und Zitronenschale mit der Sahne verrühren und mit dem Reis vermengen. Die Masse in eine feuerfeste gebutterte Form füllen und im Rohr bei 220°C 30 Minuten überbacken. Nach Belieben mit einer Fertigsauce servieren oder aus frischen Früchten ein Mus zubereiten.

Mutters Grießauflauf mit Kirschen

200 g Grieß, ¾ l Milch, abgeriebene Schale von 1 Zitrone, 4 EL Fruchtzucker, 100 g gehackte Mandeln, 2 Eier getrennt, 1 Prise Salz, 500 g Kirschen entkernt oder 1 Glas Kirschenkompott

Grieß mit Milch, Zitronenschale und einer Prise Salz ca. 8 Minuten kochen lassen. Eigelb mit Zucker schaumig rühren, Eiweiß steif schlagen und alles nach und nach unter den abgekühlten Grießbrei rühren. Die Hälfte der Masse in eine feuerfeste, gebutterte Form gießen, die entkernten Kirschen darauf legen und den Rest des Grießbreis darauf verteilen. Die Mandeln in einer trockenen Pfanne kurz rösten und über den Auflauf streuen. Im vorgeheizten Backrohr bei ca. 180°C 35 Minuten backen. In meiner Kindheit kam eine Menge Grieß auf den Tisch. Meine Mutter war eine wahre Meisterin im Erfinden von neuen Geschmacksrichtungen. Mal mit Äpfeln oder Birnen, oder auch Rhabarber, mir schmeckte es immer. Nur einmal, da schmeckte der Grießauflauf nach gar nichts! Das war aber nicht Mutter's Schuld, sondern meine! Wir schrieben das Jahr 1944 und ich hatte in Ermanglung anderer Süßigkeiten still und leise den ganzen Zucker aufgegessen. Eine Katastrophe für die ganze Familie, besonders aber für meine ältere Schwester. Die Arme mußte ein Riesendonnerwetter über sich ergehen lassen, weil sie nicht besser auf mich aufgepaßt hatte!

Kirschstrudel mit Vanillesauce

1 Tiefkühl-Strudelpackung, 1 Eigelb zum Bestreichen, 2 große Gläser entkernte Sauerkirschen oder ½ kg frische Kirschen, 200 g geriebene Mandeln, Zucker, 1 Päckchen Vanillesauce

Wenn Sie frische Kirschen haben, dann kochen Sie diese ca. 15 Minuten in etwas Zuckerwasser gar (entkernen vorher nicht vergessen!). Gut abtropfen lassen und auf dem ausgezogenen, mit Mandeln bestreuten Strudelteig verteilen. Dann den Strudel am besten mit Hilfe eines sauberen Geschirrtuches aufrollen und mit Eigelb bestreichen. Strudel auf einem gut gefetteten Backblech im vorgeheizten Rohr ca. 30 Minuten backen. Vanillesauce nach Vorschrift zubereiten und heiß mit dem Strudel servieren. Strudel schmeckt auch mit anderen Füllungen lecker. Äpfel, Mohn oder Quarkstrudel sind ja bekannt, aber wie wär's mal mit Kohl oder anderem Gemüse?

Kiwidessert

4 Kiwis, 200 g Magerquark, 3 EL Fruchtzucker, 1/8 l Sahne, 2 EL Mandelmus, 4 EL Schokoladenstreusel

Kiwis schälen und davon 3½ im Mixer pürieren. Die verbleibende Hälfte in Scheiben schneiden und zum Dekorieren verwenden. Aus Magerquark, Zucker, Sahne und Mandelmus eine lockere Creme bereiten, Schokostreusel darunterrühren und die Creme in Portionsgläser füllen. Nun das Kiwipüree darüberfüllen und jede Portion mit je einer Kiwischeibe garnieren.

Mandelspeise

200 g Marzipanmasse, 200 g Magerquark, 1/4 l süße Sahne, Zucker nach Belieben, 4 EL geröstete Mandelblätter, Himbeersirup

Marzipan, Quark und Sahne cremig verrühren. Kühl stellen. Vor dem Servieren mit gerösteten Mandeln bestreuen und mit Himbeersirup auftragen. Leider kein Schlankmacher! Schmeckt aber köstlich.

Kefir

Kefir ist was Feines. Viele, die absolut keine Milch mögen, sind vom Kefir begeistert. Er bietet, wie alle Milchprodukte, eine optimale Zusammensetzung an Mineralsalzen (speziell Kalium), an Eiweiß, Fett und Milchzucker und wirkt durch seinen moussierenden Charakter ausgesprochen erfrischend. Im Kaukasus, auf dem Balkan und in der Türkei gehört der Kefir schon lange auf den täglichen Speiseplan. Entdeckt wurde er im Kaukasus, in einem Dorf namens Karatschajeff, das 2500 m über dem Meer liegt. Nun ja, mehr brauche ich eigentlich gar nicht zu sagen, denn über das babylonische Alter der im Kaukasus lebenden Russen wurde ja schon oft genug berichtet. Der Älteste wurde meines Wissens nach 165 Jahre alt!
Kefir kann man mit allen Obstsorten vermischen, nicht nur, wie in meinem Rezept mit Erdbeerpüree. Besonders fein schmeckt Kefir auch, wenn man nur ein paar Teelöffel Weizenkeime hineinstreut!

Erdbeer-Kefir

300 g schöne Erdbeeren, 1 großer Becher Kefir, 5 EL Fruchtzucker, 1 TL abgeriebene Zitronenschale, 1 Päckchen Vanillinzucker

Früchte waschen und halbieren, die schönsten zum Garnieren beiseite legen, den Rest im Mixer pürieren. Das Mus mit Fruchtzucker, Vanillin und der abgeriebenen Zitronenschale verrühren und den Kefir darunterziehen. Mit den restlichen Erdbeerhälften garnieren.

Joghurt-Melonen-Kaltschale

1 Honigmelone, 6 Becher Joghurt, 1/8 l Kirsch- oder Himbeersirup, 4 EL Sesamkerne

Melone halbieren, Kerne entfernen und mit einem Kartoffel- oder Butterausstecher runde Kugeln ausschneiden. Joghurt mit dem Sirup verrühren und in vier Glasschüsselchen verteilen. Nun die Melonenkugeln in die Joghurtsauce legen. Kalt stellen. In einer trockenen Pfanne Sesamkerne goldbraun rösten und vor dem Servieren darüberstreuen.

Nektarinen-Dickmilch mit Schokostreusel

8 vollreife, süße Nektarinen, 2 Becher Dickmilch, ¼ l Buttermilch, ⅛ l süße Sahne, 6 EL Fruchtzucker, 1 EL abgeriebene Orangenschale, 4 EL Schokostreusel

Nektarinen waschen, halbieren, entkernen und kleinschneiden. Zucker und Orangenschale darunterrühren und alles mit der Gabel etwas zerdrücken. Dickmilch mit Sahne und Buttermilch mischen und unter das Nektarinenmus rühren. Vor dem Servieren dick mit Schokostreuseln bestreuen!

Honigmelone mit Mandelmus

1 Honigmelone, 125 g Quark, 3 EL Mandelmus, 3 EL Fruchtzucker, Saft einer Orange, 1 TL abgeriebene Orangenschale, 1 Prise Zimt, ⅛ l süße Sahne

Honigmelone halbieren, entkernen und in kleine Würfel schneiden. Alle übrigen Zutaten cremig verrühren und über die Melonenstückchen verteilen.

Erdbeer-Kiwi-Dessert

500 g reife Erdbeeren, 4 Kiwis, 4 EL Fruchtzucker, ½ Tasse Mandelblättchen, ¼ l Sahne, 1 Messerspitze Korianderpulver, 1 Päckchen Vanillinzucker

Die Hälfte der Erdbeeren im Mixer mit Zucker, Vanillinzucker und Koriander pürieren. Wenn keine Kinder mitessen, kann man auch ein bis zwei Gläschen Marschino zugeben. Kiwis schälen und in Scheiben schneiden. Die übrigen Erdbeeren halbieren oder vierteln und in die Schüssel zu den Kiwis legen. Erdbeerpüree darübergießen, mit gerösteten Mandelblättchen bestreuen und Schlagsahne dazu servieren.

Datteln

Sind Sie blutarm? Fühlen Sie sich ständig müde und schlapp? Haben Sie das Gefühl, daß Ihre Widerstandskraft im Herbst und Winter auch nicht mehr das ist, was sie mal war? Dann essen Sie Datteln! Ja, nur Mut, auch wenn sie durch den hohen Fruchtzuckeranteil sehr kalorienreich sind! Datteln enthalten eine Menge Eisen, außerdem die Vitamine A, B, C und D. Hinzu kommen noch Kalzium und Kalium, wirklich eine sehr gute Zusammensetzung. Stellen Sie sich vor, Sie würden täglich 10 Datteln und einen halben Liter Vollmilch zu sich nehmen. Ihr Organismus würde jubeln, wenn er könnte, vor lauter Begeisterung, was Sie ihm da Feines zukommen lassen. Natürlich muß man die restliche Kalorienzufuhr des Tages bewußt reduzieren, wenn man so eine Dattelkur ein paar Wochen durchführen will. Aber Sie werden staunen, wie frisch und »renoviert« Sie sich nach kurzer Zeit schon fühlen. Ersetzen Sie einfach eine Mahlzeit am Tag mit Datteln und Milch, das wirkt besser als jede Vitaminkapsel aus der Apotheke.
Hier meine liebsten Dattelrezepte:

Dattel-Müsli

6 EL Weizenkeime, 8–10 entkernte, kleingeschnittene Datteln, ½ l Milch, 4 EL Rohzucker oder Fruchtzucker, ½ Tasse kleingehackte Cashewnüsse und Pinienkerne, 1 EL Butter, 1 EL abgeriebene Zitronenschale, 2 mittelgroße saftige Äpfel, 1 TL Zitronensaft

In einer fettfreien Pfanne die Weizenkeime unter ständigem Umrühren erhitzen, bis sie nach Nüssen riechen. Dann die Milch zugießen, Datteln darunterrühren und bei kleiner Flamme die Weizenkeime quellen lassen, bis sie weich sind. Pfanne vom Herd nehmen, Nüsse, Butter, Zukker, Zitronenschale beifügen und die geschälten Äpfel hineinreiben. Mit Zitronensaft abschmecken. Schmeckt herrlich, auch mit Joghurt!

Dattel-Milch

Pro Person 1/4 l Milch, 5 Datteln, 1 Prise Kardamom, 1 Prise Zimt

Die entkernten Datteln kleinschneiden und mit etwas Wasser bedeckt so lange kochen lassen, bis sie weich sind. Anschließend mit der Gabel zu einem Brei zerdrücken und zusammen mit den Gewürzen und der Milch im Mixer pürieren. Kühl servieren!

Dattelcreme

20 oder mehr entkernte Datteln, Saft einer Orange, etwas Zimt, Kardamom, Vanille, abgeriebene Schale einer halben ungespritzten Orange, 1/4 Tasse gehackte Walnüsse, 1/8 l süße Sahne

Datteln kleinschneiden und mit etwas Wasser gar dünsten. Anschließend mit der Gabel zu einem feinen Brei zermusen, Orangensaft darunterrühren und mit den Gewürzen und der Orangenschale abschmecken. Dann die gehackten Nüsse unter die Masse mischen und das Mus in Portionsgläser füllen. Vor dem Servieren die Sahne schlagen und die Creme damit verzieren. Gäste eventuell vorwarnen. Nur schlanke Leute dürfen Nachschlag verlangen! Mein Sohn Michael, ebenso lang (1,85 Meter) wie dünn, kann übrigens die oben angegegebene Menge spielend allein als nette kleine Nachspeise vertilgen.

Komischer Salat

(so hat die nachfolgende Schöpfung Florian, mein Jüngster, genannt)

6–8 entkernte Datteln, 2 EL Sesamkeime, 2 Karotten, 1 EL Kräuteressig, 2 EL Sonnenblumenöl, 1 Prise Kräutersalz, 1 Becher Hüttenkäse, 1 Becher 1 Becher Joghurt

Die kleingeschnittenen Datteln mit etwas Wasser garen. Karotten waschen, schälen, raspeln und mit Essig, Öl und Salz abschmecken. Hüttenkäse, Joghurt und Datteln mit den Karotten mischen und die in einer trockenen Pfanne goldgelb gerösteten Sesamkerne über das Ganze streuen. Natürlich können Sie dazu auch mehr Datteln verwenden.

Dattel-Chutney

500 g entkernte Datteln, ½ l Obstessig, 1 Tasse Rosinen, 2 mittelgroße Zwiebeln, 100 g Zucker, 1 TL Salz, 1 kleine getrocknete Pfefferschote, 1 TL Ingwerpulver, 1 TL Kardamom, 1 TL gemahlene Nelken

Datteln entkernen, kleinschneiden und über Nacht in Essig einweichen. Am nächsten Tag alle Zutaten unter häufigem Umrühren so lange kochen, bis eine weiche cremige Paste daraus geworden ist.

Naturkostläden und Bezugsquellen für vegetarische Lebensmittel in der BRD, Österreich und der Schweiz

Bundesrepublik Deutschland

5100 Aachen
Bio-Laden Holzapfel, Jacobstr. 127
Bio-Laden Wurzelkinder, Augustastr. 65

8750 Aschaffenburg
Grünes Lädchen, Entengasse 4
Kornkammer, Roßmarkt 35

8900 Augsburg
Karin Klingholz, Morrelstr. 11
Rapunzel, Katharinengasse 15

7570 Baden-Baden
's Schneggehus, Eichstr. 7

6550 Bad Kreuznach
Naturkosthaus Huflattich, Jungstr. 29

8230 Bad Reichenhall
Reformhaus K. Ehrhardt, Schachtstr. 4 (gegenüber Kaufhaus Juhasz)

6702 Bad Türkheim
Überlebens-Lädchen, Kaiserslauternerstr. 6

2903 Bad Zwischenahn
Sonnenblume, Mühlenstr. 3

8600 Bamberg
Sonnenblume, Amalienstr. 16

2847 Barnstorf
Jürge und Eva Edel, Schmolte 41

5070 Bergisch-Gladbach
Der andere Laden, Hänsel-und-Gretel-Weg 2

1000 Berlin
April, Kneipe, Lausitzer Platz 12
Bäckerei Otto Schmitz, Freilingrathstr. 12
Braunreis, Schinkerstr. 62
Brotgarten, Seelingstr. 30
Coop, Mindererstr. 11
Coop 2, Brunhildstr. 12
Cornflower, Lüderitzstr. 4
Food Coop Fabrik, Dessauerstr. 32
Futterkrippe, Tegeler Weg 105
Golden Temple, Neue Christstr. 7
HWF Naturspeisewaren, Kienitzerstr. 6
Kornblume, Apotheke am Gesundheitszentrum, Lippschitzallee 22
Kraut und Rüben, Oranienstr. 15
Mutter Erde, Behaimstr. 18
Peace Food 1, Pallasstr. 10/11
Peace Food 2, Koburgerstr. 5
Ramon Markus, Beerenstr. 5

Sattva, Gneisenaustr. 65
Sesammühle, Knesebeckstr. 89
Siebenkorn, Schützenstr. 4
Urwoge, Wegenerstr. 4
V. Wagner (Food Coop), Friedrich-Franzstr. 19
Weichlardt, Bäckerei, Onkel-Tomstr. 64a

4800 Bielefeld
Löwenzahn, Heeperstr. 84

4630 Bochum
Arche, Wittenerstr. 92
Grüner Laden, Hauptstr. 286

7951 Bonlanden
Roski, Hornbergstr. 7

5300 Bonn
Bioladen, Argelanderstr. 85
– Alfter
Kornstube, Knippsgasse 40
– Bad Godesberg
Hunsa Neuform, Wurzerstr. 18
– Beuel
Beueler Bioladen, Obere Wilhelmstr. 33

3300 Braunschweig
Vollkorn, Kuhstr. 5

2800 Bremen
Maiskolben, Kornstr. 73
Kraut und Rüben, An den Häfen 9/10

2850 Bremerhaven
Brennessel, Bürger 212

6454 Bruchköbel
Ulrike Schinz, Hauptstr. 3

8263 Burghausen
Kornkammerl, Herrmann-Hillerstr. 6

8630 Coburg
Wegwarte, Steintor 4

4420 Coesfeld
Weiling GmbH, Bleichgraben 11

6100 Darmstadt
Kleine Farm, Liebfrauenstr. 91
Makrokrämer, Herdweg 13
Vollkorn, Stauffenbergstr. 62

8360 Deggendorf
Sesamo, Veilchengasse 14

4930 Detmold
Makrohaus, Paulinenstr. 82

2840 Diepholz
Lebensbaum, Lüderstr. 82

4600 Dortmund
Grasblatt, Rheinische Str. 113
H. Hültenschmidt, Markt 4

4000 Düsseldorf
Bioladen, St. Gorresstr. 34a
Hercules, Vollkornbäckerei, Ulmenstr. 20
Jrööns und Jedööns, Dorotheenstr. 67
Kraut und Rüben, Brunnenstr. 41
Ohsawa Zentrale, Versand, Münster-str. 255

4100 Duisburg
Feldwaldwiesen, Heinestr. 4
Kabouter, Kronenstr. 3
Makroladen, Keßlerfelderstr. 68

8058 Erding
Kräuterhaus, Am schönen Turm

8820 Erlangen
Kornblume, Engelstr. 8

6749 Erlenbach
Bio-Elemente Vertrieb, Sponshaldenstr. 1

4300 Essen
Grüner Laden, Vittinghofstr. 1
Postelblumen, Isenbergplatz 1

4993 Exertal-Bösingfeld
Einkaufs-Coop, Brakenberg 31

2390 Flensburg
Vaikhuntha, Süderfischerstr. 18

6000 Frankfurt
Bonn Bonn, Hambodstr. 79
Distel, Jordanstr. 11
Lebensbaum, Alt Bornheim 62
Regenbogen, Egenolfstr. 42

7800 Freiburg
Bioladen, Klarastr. 20
Hildaladen, Hildastr. 33
Kornkammer, Andreas-Hofer-Str. 65a
Natural Food Store, Adalbert-Stifter-Str. 15
Wolfsperger, Herrenstr. 34

8050 Freising
Der Hinterhof-Laden, General-von-Napel-Str. 17
Kräuterladen, Ziegelgasse 7
Kunow, Holzgartenstr. 8

3403 Friedland
H. Heldberg, Zum Eichwald 1

6400 Fulda
Reformhaus, Kanalstr. 30

8958 Füssen
Reformhaus Bechteler, Reichenstr. 8

3301 Gardessen
Mistel, Roter Berg 6

7340 Geislingen
Demeterladen, Wilhelmstr. 11

6300 Gießen
Klatschmohn, Ludwigstr. 22

3400 Göttingen
Vollkorn, Papendiek 22

8944 Grönenbach
Maria Dreier, In der Vogelweide 6

5800 Hagen
Meiers Mühle, Remberstr. 54

2000 Hamburg
Achaldan, Löfflerstr. 5
Achaldan, Ottenser Hauptstr. 51
G. Berger, Blankeneser Landstr. 61
Erntedank, Kleiner Schäferkampf 32
Gesund Leben, Altonaer Bahnhofsplatz 2–4

Grüner Laden, Arnoldstr. 45
Grüner Laden, Isestr. 20
Kornmühle, Werdenallee 61
Naturel, Poelchaukamp 22
Schwarzbrot, Rutschbahn 5
Fa. Vasco da Gama, Lange Reihe 97
– *Harburg*
Kürbiskern, Wilstroferstr. 110

6430 Hanau
Hannelore Ritschel, Sternstr. 33

3000 Hannover
Alraune, Geothestr. 38
Kornblume, Drostestr. 1

6900 Heidelberg
Lotus, Heugasse 2
Kornpalette, Fischergasse 6

7100 Heilbronn
Naturata, Lixstr. 10

7181 Hengstfeld
Huflattich, Hauptstr. 40

4900 Herford
Gänseblümchen, Credenstr. 24

3200 Hildesheim
Roots, Ottostr. 6

5170 Jülich
Koslar Mühlen-Kantor, Zur Mühle

6750 Kaiserslautern
Brennessel, Beethovenstr. 8

4132 Kamp-Lintfort
Emmaus-Haus, Dachsberg

7500 Karlsruhe
Mistelzweig, Baumeisterstr. 36

3500 Kassel
Naturkostladen, Kohlenstr. 30

5950 Kaufbeuren
Die Wurzel, Pfarrgasse 12

8960 Kempten
Vollkorn, Ankergässele 8

2300 Kiel
Schrot und Korn, Lehmbergstr. 9
1000 Körner, Jungfernstieg 27

8966 Kimratshofen
Rapunzel, Oberhoffen 44

5000 Köln
Andere Wege, Elsaßstr. 12
Bio-Laden, Kamekestr. 3
Bittersüß, Hans-Sachs-Str. 21
Kräuter-Bazar, Lupusstr. 23
Makro Shop, Vorsterstr. 61
Was die Bäume sagen, Weyertal 30

7750 Konstanz
Scheffelhäusle, Scheffelstr. 13

4150 Krefeld
Verbrauchergenossenschaft,
St. Anton-Str. 22

3380 Landau
Regina Meng, Waffenstr. 67

8300 Landshut
Kräuterladen, Kirchgasse 227

4920 Lemgo
Sauerampfer, Freier Hof 15
Susie Dorn, Orpingstr. 31

8990 Lindau
Naturata, Vordere Metzgergasse 12
Reform-Service, Versand, Rotmoosstr. 9

7850 Lörrach
Sesam, Spittalstr. 9

7140 Ludwigsburg
Der Leuchtkäfer, Gottlob Moltstr. 7

2400 Lübeck
Das grüne Wunder, Dr. Julius-Leber-Str. 63

3140 Lüneburg
Lothorien, Auf dem Kauf 2

6500 Mainz
Haselnuß, Kaiser Wilhelm Ring
Kornland, Weißliliengasse 23

6800 Mannheim
Korntruhe, Seckenheimerstr. 30
Kraut und Rüben, T3, Nr. 22

3550 Marburg
Rübezahl, Reitgasse 3

2841 Marien-Drebber
Walter Lang, Honig

5277 Marienheide
Kornhaus Danneberg, Listringhauserstr. 20

4520 Melle
H. H. Tiepelt, Sondermühlenstr. 117

8940 Memmingen
Braclmeir, Kuttelstr. 6
Mannes, Schwesterstr. 8

8160 Miesbach
Bäcker König, Marktplatz

4050 Mönchengladbach
Klatschmohn, Hinderburgstr. 336

4130 Moers
Coop Noers, Eslenbergerstr. 100

8000 München
Bio-Depot, Herzogstr. 2
Demeterladen, Leopoldstr. 17
Erdgarten, Neureutherstr. 23
Grünkernladen, Adelzreiterstr. 33
Kornkammer, Herzogstr. 2
Kräutergarten, Steinstr. 28
Lebascha, Breisacherstr. 12
Reformhaus Leye, Naupliastr. 81
Makroshop, Amalienstr. 38
Näpfe, Wilderich-Lang-Str. 6
Naturkosthaus, Adolf-Roßhaupter-Str. 26
Naturlädle, Kreitmeirstr. 2
Pasinger Naturkosthaus, Landsbergerstr. 458
Reformhaus Reich, Südliche Münchnerstr. 46a
Der Sonnenbaum, Türkenstr. 84
Tantra, Leonrodstr. 19
Vier Jahreszeiten, Jahnstr. 20
Vitaminbüffet, Herzog-Wilhelm-Str. 25

Wax, Dollmanstr. 15
Werkhaus, Leonrodstr. 19
Windmühle, Johannisplatz 21

4400 Münster
Biogarten, Achtermannstr. 13
Kopf und Bauch, Soester Str. 19
Makrohaus, Überwasserstr. 22

8470 Nabburg
Josef Amling, Regensburgerstr. 11

2350 Neumünster
Kornkammer, Haart 19a
Schrot und Korn, An der Schwale 1

8500 Nürnberg
Der grüne Laden, Kaulbachstr. 28
Tee und Kräuter, Rothenburgerstr. 51

8831 Obereichstätt
Der Teeladen

6050 Offenbach
Manna, Mittelseestr. 15

2440 Oldenburg
Lebensmittel Coop im Alhambra, Hermannstr. 83
Samenkorn, Katharinenstr. 6a

5787 Olsberg
Ros. Knüttel

4500 Osnabrück
Ambrosia, Schloßstr. 49

Ostland
Lebensmittelcoop, Prinzendamm 12

4790 Paderborn
Kornblume, Widukindstr. 23
Gerda Robben, Solentiusstr. 9

8122 Penzberg
Bourbeck, Karwendelstr. 10

8340 Pfarrkirchen
ASG Wühlmausen & Co., Sallingerstr. 8

6780 Pirmasens
Naturkostlädchen, Bahnhofstr. 8

2833 Prinzhöfte
Hof Schulenberg

4350 Recklinghausen
Sonnenblume, Springstr. 2

8400 Regensburg
Krautgarten, Haaggasse 16

7410 Reutlingen
Zwiebel, Lindachstr. 15

6600 Saarbrücken
Mutter Erde, Mainzerstr. 11

5900 Siegen
Schwarzwurzel, Hagenerstr. 84

8265 Simbach
Bio-Zentrale, Innstr. 9

5650 Solingen
Mandelbaum, Grünstr. 27

6720 Speyer
Querkorn, Sonnengasse 2

8130 Starnberg
Naturkosthaus Rieser, Hanfeldstr. 4

7000 Stuttgart
Immergrün, Bismarckstr. 69
Naturkosthaus Lang, Ameisenbergstr. 29
Teeladen, Firnhaberstr. 5

7166 Sulzbach-Laufen
Fa. Arnold

7400 Tübingen
Lustnau, Naturata, Auelestr. 2
Kornblume, Lazarettgasse 14

7200 Tuttlingen
Der Laden, Waghausstr. 11

7770 Überlingen
Naturata, Ringoldhausen

3110 Uelzen
Blätterwald, Dietrichstr. 3

7900 Ulm
Arche, Rosengasse 35
Klaus Koppschitz, Frauenstr. 121
Sika, Kepplerstr. 20

8090 Wasserburg
Tee und Kräuter, Schmiedseile 16

3002 Wedemark
Koriander, Hellendorf

2241 Welmbüttel
Himmel und Erde, zur Diethm. Schwiez 25

3122 Wentorf A. S.
Grüner Kern, Dorpstrat 49

6200 Wiesbaden
Makroladen, Nerostr. 18
Schrotbrot-Bäckerei, Blucherstr. 8
Vollkorn, Hellmundstr. 31

8199 Wolfratshausen
Schrothalde, Schießstättenstr. 37

6520 Worms
Sonne und Wind, Zornstr. 11
Teelädsche, Zornstr. 1

8700 Würzburg
Kornwinkel, Handgasse 7
Viele Wege, Landwehrstr. 8

5600 Wuppertal
Die Hälfte des Himmels, Neue Friedrichstr. 24
Lebensbaum, Sophienstr. 18
Sonnenblume, Cronenfeldstr. 6
- Barmen
Grüner Laden, Fingsheid 20

Österreich

Bischofshofen
Makro-Lackinger, Bahnhofstr. 23

Gmunden
Makro-Drack, Fellingerstr. 1

Graz
Alternativ-Laden, Brandhofgasse 12
Makro-Brantner, Gleisdorfergasse 13

Muzza's Naturkostladen, Mandellstr. 23
Naturkostladen, Strauchergasse 6
Naturkost W. Kobald, Kainbach 37

Hallein
Makro-Danner, Neualm-Kahlspergweg

Hartberg
Makro-Schindler, Presslgasse 2

Innsbruck
Bio-Shop, Sonnenburgstr. 12
Makro-Fischer, Greilstr. 2
Makro-Lach, Universitätsstr. 32
Makro-Kaiser, Fischerstr. 26

Klagenfurt
Bionako, Anzengruberstr. 40

Linz
Alternativ-Versand, Zollamtsgasse 20

Mödling
Makro-Steiner, Hauptstr. 68

Wr. Neustadt
Naturkost GmbH, Deutschgasse 9

Salzburg
Biozentrum-Naturkostladen, Herrengasse 30
Naturkostladen Gfrerer, Steingasse 43

Schrems
Makro-Fürnkranz, Hauptplatz 15

Vöcklabruck
Gesundheitsquelle Kosch, Gmundnerstr. 18

Wien
Estakost, Währingerstr. 57
Helma's Naturkostladen, Petersplatz 2
Makro-Alt-Erlaa, Anton-Baumgartnerstr. 44
Makro-Hilgers, Gerstenhoferstr. 4
Makro-Hutfless, Biedergasse 2
Makrokosmos, Strozziagasse 31/1
Makro-Reiter, Leopoldgasse 37
Makro-Staudigl, Wollzeile 4 und 25
Naturata, Grünangergasse 7
Yin-Yang-Diätladen, Linke Wienzeile 40

Wörgl
Gesünder Leben, Unterguggenbergerstr. 3

Ybbs
Makro-Pree, Hauptplatz 7

Schweiz

Aarau
Chornlädeli, Milchgasse 4

Allschwil
Hans Werner, Paradieshof

Baden
Haldelade, Unteri Halde 11

Bern
S'Lotusblüemli, Gerechtigkeitsgasse 17
Bio- und Makro-Quartierladen, Hallerstr. 1
Makro Ruprecht, Christoffelgasse 7

Brontallo
Ursus U-Box, Corte del Mont

Brugg
Alternativlade, Hauptstr. 48

Carona
Torello

Delémont
Genossenschaft »Rheia«, J. P. Droz, Case postale 76

Dürnten
Ruedi & Elisabeth Heimlicher, Riedelhausweg

Dussnang
Assoziation Tridemos, Hanspeter Bühler, Vogelsang

Ebikon
Hans Ulrich Fischer, Ottigenbühlstr. 25

Eisten
Genossenschaft NWB, Simplonstr.

Essertfallon
Ulrich Künzle

Fanas
Ruedi Albonico, Haus zur Laube

Fehraltdorf
Heinz Bertschinger, Chriesbaumweid 12

Gals
Anita Schoch

Grengiols
Tobias Müller, Hockmatten

Hunzenschwil
Jörg Meuth, Ref. Pfarramt

Intragna
Jakob & Paul Baumann, Corcapolo

Jenins
Vreni Rothenberger, Oberdorf

Kleindietwil
Biofarm-Genossenschaft, Postfach

Köniz
Theres Hansjakob, Schwarzenburgstr. 249

Leimiswil
Sunnsyte-Kollektiv, Sunnsyte 66

Le Lignon
Paule Chevrolet, 69, av. du Lignon

Lenzburg
Chornchämmerli, Brättligäu 14

Luzern
s'Gänteli, von Matt-Str. 50
L. & O. Schlegel-Squindo, Elfenaustr. 25

Middes
Claude Dupamloup, Bertrand Rime

Möhlin
Hardy Vogtmann, Gartenstr. 1

Neuchâtel
Edy Wohlgemuth, Seyon 8a

Oberbeinwil
Jakob Wirz

Opplingen
Peter Daepp-Ostermeier, Emmenthalstr. 19

Pratteln
Hans Fischer, Wartenbergstr. 45

Rombach
Paul Kuster, Alte Stockstr. 109

Rüschegg-Graben
Bruno Minder, Schwand

Salmsach
Hans Müller, Seestr. 6

St. Gallen
Teestübli-Chornchämmerli, Schwertgasse 17

St. Margrethen
Gertrud Niederer, Nebengraben 225

Schüpfen
Elsbeth & Paul Alber, WG Alte Mühle

Sion
Gerard Constantin, Domaine de Tirbevet

Solothurn
Lotusblüemli, Käppelihofstr. 16

Stäfa
Irene Hagmann, Glärnischstr. 22

Therwil
Heinz Forter, Hinterweg 39

Thörishaus
Käthi Berger-Muralt, Schlossgut

Thun
Friedi & Hans Urheim-Ettlin, Länggasse

Villars-sur-Fontenais
Jacob Lehmann

Wäderswil
Dr. Peter Dürr, Büelenweg 20

Wermatswil
Otto Schmid, Halden

Wernetshausen
Katharina Züst

Wohlen
Else Hitz-Bietenholz, Kapellenstr. 10

Zofingen
Alma Terra, Engelgasse 10

Zürich
A-Lädeli, Forchstr. 10
Chörnlilade, Militärstraße
Leo Keller, Steinhaldenstr. 44
L. Schmuki, Höhenring 41
Vier Linden, Brunngasse 8

Osttiroler Genossenschaftsmühle der Landwirtschaftlichen Genossenschaft
Tirolerstr. 50, A-9900 Lienz

Brobeil GmbH
D-7941 Dürmentingen/Württ.

Bio-Dienst
Schillerstr. 45, D-7290 Freudenstadt

Einige nützliche Adressen und Herstellernachweise

Bellafit-Pflanzenfleisch, sowie kostenlose Kochvorführungen und Gratisproben über

M. Neuner, Wiedehopfstr. 20,
D-8038 Gröbenzell

Pilze zum Selberpflücken auf der ersten Pilzfarm Europa's bei

Lehner, Puchnerstr. 54, A-4600 Wels,
Tel. 45 53

Getreidemühlen kann man bei folgenden Firmen beziehen:

bioverlag gesundleben
D-8959 Hopferau- Heimen 50

Schnitzer-Mühlen Gallé KG
Abt. MD, Bahnhofstr. 28, D-7742
St. Georgen

Mehr Informationen über Vegetarismus oder Kontakte zu anderen Vegetariern kann man bekommen über den

Club »Naturkostküche im Erdgarten«
Neureutherstr. 23,
D-8000 München 40

»Der Vegetarier«
Zeitschrift über Vegetarismus und Lebensreform (Probeheft gegen Einsendung von Porto)
Waltraud Sieburg, St.-Lamberti-Str. 21,
D-3414 Hardegsen 1

Österreichische Vegetarier Union
Dipl. Ing. Julius Fleischanderl
Lechgasse 2, A-8010 Graz

Memminger Gesundheitszentrum
Kramerstr. 7, D-8940 Memmingen

Pikante Brotaufstriche

VITAM-R Hefeextrakt,
Tomatenspread, Paprikaspread,
Meerrettichspread

TARTEX-Aufstriche mit Kräutern, Curry, Paprika, Senf
CERELLA
Grano-Vita Sandwichcreme
DELICATA

Nußmuse und Aufstriche

GRANOVITA
Erdnußmus, Cashewnußmus, Haselnußmus, Mandelnußmus, Nußmix, Nougatcreme

Fertiggerichte auf pflanzlicher Basis

TARTEX-Frikadellen, Frikassee, Ravioli, Gulasch
GRANOVITA Phag-Schnitten, Soja-Zart, Soja-Vita, Soja-Steakli

Würzmittel und Saucen

BRECHT Gewürze, Kräutersalz, Selleriesalz
CENOVIS Bierhefeflocken, Gemüsebrühe, Cenofix
DR. RITTER Edelhefe
TARTEX feine konzentrierte Saucen mit Kräutern, Pilzen oder als braune Sauce
NATURA Reformkräutersenf, Frugola-Brühe
NEUCO Delikateßsenf, Pilz-Soja-Sauce; Creme á la Tartare
VITAM Edelhefe-Flocken
VITASAN Edel-Trockenhefe mit Röstzwiebeln
NATURA Bisalz-Extra

Spezialmehl und Getreide

DONATH-Mühle
DEMETER-Getreide

Milcherzeugnisse und Tiefkühlkost

HEIRLER Biologische Erzeugnisse, DEMETER-Milchprodukte

Pflanzenfette und -öle

Eden, Dr. Ritter, Vitaquell, Fink, Neuco, Granovita

Was
l w
orm
t a
da
e T
be
Mi
d
d

Register

Kräuter und Gewürze

Suppen

Salate

Saucen

Gemüse

Tomaten

Pilze

Getreide

Käse

Obst

Notizen

Notizen